ARS ASIATICA

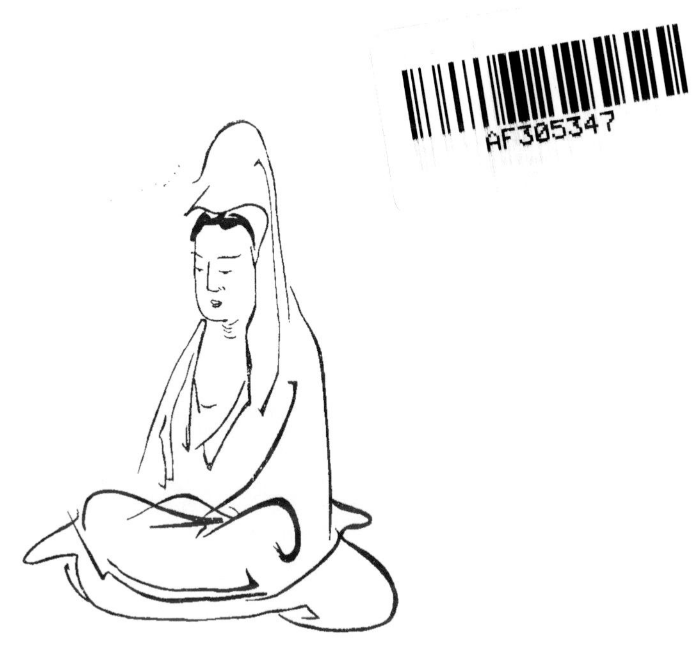

PEINTURES CHINOISES ET JAPONAISES
DE LA COLLECTION ULRICH ODIN

❀ ARS ASIATICA ❀ XIV ❀

ARS ASIATICA

ÉTUDES ET DOCUMENTS PUBLIÉS PAR VICTOR GOLOUBEW
SOUS LE PATRONAGE DE L'ÉCOLE FRANÇAISE D'EXTRÊME-ORIENT

XIV

PEINTURES CHINOISES ET JAPONAISES

DE LA

COLLECTION ULRICH ODIN

AVEC UNE INTRODUCTION ET DES NOTICES DE M. ULRICH ODIN
ET UN AVANT-PROPOS DE M. SYLVAIN LÉVI
PROFESSEUR AU COLLÈGE DE FRANCE

PARIS ET BRUXELLES
LES ÉDITIONS G. VAN OEST

1929

AVANT-PROPOS

Ulrich Odin!... Un nom que des initiés chuchotent comme chargé de mystère. « Ah! vous connaissez Odin! » Et on se sent rapprochés par une sorte de communion confuse et profonde. Ne connaît pas Odin qui veut. N'allez pas croire qu'il soit fier ni distant. Mais il entend vivre sa vie à sa guise, choisir ses gens à son goût. Il a voué sa vie au culte de l'art. Rien de Ruskin, rassurez-vous. Il a l'horreur, la haine, la phobie des snobs. Il ne bâtit pas de théorie, il ne pontifie pas, il ne prêche pas. Il est né artiste, comme on naît blond ou brun, par un caprice de la nature, et il a suivi sa pente tout simplement, sans essayer de réagir. Un jour, — mon Dieu, combien de temps depuis! nous étions dans les vingt ans — Ulrich Odin, qui devait venir, ne paraît pas à une réunion d'amis; on s'étonne, on s'inquiète, car Odin est assez artiste pour avoir l'élégance de la politesse; on passe chez lui aux nouvelles, il est absent, en voyage. Huit jours après, il revient : « Eh bien, quoi? — Je m'ennuyais après les Vélasquez, je suis allé à Madrid. » Voilà tout. Pas de lyrisme. Hausser le ton, c'est fausser le ton. Rompu aux techniques des arts, Odin sait analyser une œuvre avec une précision magistrale, dans une langue robuste et savoureuse, sévèrement classique, sans faire appel aux grands mots ni au charabia de métier. Ce classique, nourri des musées d'Europe, débarque un jour au Japon, par hasard ou par fantaisie. Au cours de ses randonnées capricieuses, il a voulu visiter l'Amérique du Sud, il a passé la Cordillère des Andes, il est redescendu sur la rive du Pacifique, il a continué le chemin en bateau. Le voilà à Yokohama. Combien va-t-il passer ici de jours, de semaines, de mois peut-être ? Il n'en sait rien ; il n'a pas de plan, il n'a pas étudié le Guide. Tōkyō, officiel, affairé, bruyant, le fait fuir ; Kyōto, provincial et paisible, le ravit ; les vieux temples, graves et souriants dans leurs enclos de verdure, l'enchantent ; chaque jour lui révèle des merveilles. Il s'installe chez lui, à la japonaise, sur la hauteur adorable de Kyomizu ; il vit dans une maisonnette de bois aux cloisons de papier, aux nattes de paille immaculée ; il jargonne, bientôt il parle ; il voisine avec les bonnes gens du quartier ; il invite, il reçoit, et Odin n'a pas le palais moins délicat que le goût. Le voilà populaire. Tous les bruits viennent à lui. On le sait artiste, juge compétent et sûr. Ventes publiques, ventes privées, ventes secrètes, il est informé de tout en temps opportun. Discret comme un Japonais authentique, il ne se montre qu'à propos, n'achète que la pièce de choix. Il se classe au premier rang des connaisseurs ; sa maisonnette est devenue un musée. Les rares Français qui passent à Kyōto sont assurés d'un accueil hospitalier à table ; mais un propos imprudent, un enthousiasme de commande, et l'armoire aux peintures reste implacablement fermée. La beauté n'est faite que pour les âmes sincères.

Des années se passent, et des années encore. Des raisons de santé, impérieuses, ramènent Odin à Paris avec son trésor. Et pour l'abriter, la Fortune qui se plait à choyer Odin lui trouve un logis idéal. Suivez le quai de l'île Saint-Louis, du côté que le soleil réchauffe ; entre tant de maisons bourgeoisement dignes ou solennelles, soigneusement fermées au regard du passant, vous en verrez une qui découvre, sous un pan de ciel et sur un décor d'église, une charmante cour à l'italienne. Montez les deux étages d'un escalier grandiose qui montre encore des traces de fresques ; affrontez ensuite l'ascension d'un colimaçon suspendu dans le vide. C'est là. Ali-Baba chez Ali-Bab. Une collection que ne signalent ni Baedeker, ni Joanne ; mais il ne passe à Paris ni critique, ni amateur instruit dans l'art d'Extrême-Orient qui n'aspire à franchir ce seuil qui donne accès à des chefs-d'œuvre.

SYLVAIN LÉVI.

INTRODUCTION A LA CONNAISSANCE
DE LA PEINTURE D'EXTRÊME-ORIENT

Pour qui est venu au Japon voici des années, alors qu'il était encore possible en Europe de se tenir dans l'ignorance des choses d'Extrême-Orient, son accueil a pu, à première vue, surprendre par l'abondance des formes nouvelles mêlées à toutes les manifestations de la vie courante. Mais en présence des grands modèles d'art, je ne crois pas qu'un œil sincère, même exclusivement formé par l'étude des arts de l'Occident, ait éprouvé d'autre surprise que celle d'un clair langage et de l'aisance avec laquelle il prenait joie à les regarder. Disant cela, ma pensée va surtout aux arts graphiques, aux anciennes œuvres peintes, qui sont exemples et modèles, à toutes celles en couleurs, comme celles à l'encre (*sumi-e*), celles de la Chine et du Japon. Maintenant, que de cette séduction première l'étranger ait saisi d'abord toute l'étendue, l'intimité, l'au delà de ce qui lui paraissait une simple, une heureuse réussite, c'est autre chose ; il aura avec le temps de nombreuses étapes à parcourir.

Si le séjour se prolonge, si les années se passent, années de recherches ou de libres loisirs consacrées, sinon à l'étude, au moins à la contemplation des belles œuvres un peu partout dispersées, temples, musées, collections particulières, à la fréquentation de ceux qui les aiment, de ceux qui jalousement les gardent, il arrive forcément que les voiles se dégagent, non pour montrer une beauté autre, mais pour la mieux découvrir en son intimité. L'attirance première se fixe en un sentiment plus puissant et le peintre vous mène par le choix de sa vision aussi loin que vous pouvez aller.

Il a été peint en Chine et au Japon plus qu'en aucun pays du monde. La pensée s'est échappée de l'insuffisance du verbe, du cadre de l'écriture en un langage plus souple, plus ample, plein d'aise à la fois, et tout imagé si j'ose dire. La peinture est venue à l'aide de la langue pour sa plus sensible expression en étendue et en profondeur. On a peint pour prier, on a peint pour conter, on a peint pour dire son émoi devant les apparences. Et la réussite fut d'autant plus grande que les initiateurs et les maîtres, plus aptes à sentir et à voir par leur affinement, leur culture et leur rang, l'ont été aussi à mettre en œuvre le choix de leur vision par l'accoutumance du pinceau, leur extrême habileté à s'en servir. Religieux, artistes et lettrés, poètes et philosophes, hommes d'état parfois, princes même, ils n'ont alors jamais estimé qu'il pût exister des différences d'ordre ou de degré dans leurs moyens d'expression. Art d'écrire, art de peindre, tous deux arts de penser, servis par le pinceau avec ses bons aides : la soie et le papier, les couleurs, l'encre. L'encre surtout, souple, puissante, capable de toutes nuances, apte à l'infini de l'expression. Puis les âges passeront ; un jour viendra où tout cela sera figé en formules, mais tellement adéquates que, longtemps encore, elles feront illusion. Plus tard enfin, mais nous n'en sommes pas déjà là...

Si nous voulons juger par les œuvres, et par les œuvres avoir regard sur le passé, peut-être pouvons-nous remonter jusqu'aux temps lointains de l'impératrice Suiko au Japon (593-628). Le Bouddhisme y est alors en pleine efflorescence et du prince Shōtoku, qui lui a donné une impulsion victorieuse, il reste un beau portrait entre ses deux fils par le prince Asa de Corée. En Chine, c'est le début de la dynastie T'ang (618-907). Mais alors la Chine a derrière elle des siècles de haute civilisation; voici bientôt quatre cents ans que le Bouddhisme y est venu pour adoucir sa sécheresse positive, enflamber tout ce qu'il y avait de latent en elle, animer son art, illuminer sa conception du monde. Et les trois cents ans de cette dynastie vont laisser au Japon des traces considérables, d'abord par l'influence qu'elle a exercée, puis par les œuvres qu'on y peut encore voir. Cette chute d'eau qui appartient au Shugakuin, tout un fleuve qui, sous deux lignes d'encre, se courbe et tombe entre des rives rocheuses, n'est-elle pas une des plus émerveillantes réussites qui soit au monde? Certes son attribution ancienne à Ōmakitsu (Wang-Wei) (699-742) a été récemment contestée. Mais sans vouloir faire le procès de la tradition contre la critique moderne, admettons que l'auteur soit inconnu, que sa date soit un peu plus récente, l'inspiration, la facture n'en sont pas moins T'ang. Les Godōshi (Wou Tao-tseu) qui se trouvent au Japon y ont été apportés dans les temps anciens; on croit à l'authenticité de quelques-uns, les deux beaux paysages à l'encre du Daitokuji, une figure de Shaka au Tōfukuji. Quoi qu'il en soit, peintures à l'encre, peintures en couleurs, figures bouddhiques, ou puissantes, ou gracieuses, sont de solides témoins qui parlent pour leur temps et montrent à l'avenir des voies fécondes qui ne seront plus oubliées.

En face de la Chine des viiiᵉ et ixᵉ siècles, à côté de cette Corée si voisine, si avancée en civilisation, truchement de la Chine à la fois et puissamment originale, le Japon réceptif et ardent continue et active son développement. Les peintures de Hōryūji sont connues, et l'opulence, l'épanouissement de Nara (710-784). Enfin en 794, l'empereur Kwammu fonde Heian Kyō (Kyōto).

C'est à peu près vers la même époque que le prêtre Kūkai (Kōbō Daishi) revient de Chine. Il rapporte de nombreuses peintures. Lettré, peintre, sculpteur, homme de foi, il fonde la secte mystique Shingon dont l'influence sera partagée par la secte Tendai qui dresse ses temples sur le mont Hiei près de Kyōto. Autour des empereurs, les Kuge, nobles de cour, sont nombreux et rivalisent de luxe et de politesse. Les règnes qui vont suivre seront sous leur influence, influence de grandes familles alliées à la maison Impériale et sous la prépondérance des Fujiwara. Ceux-ci trouveront dans les temples et leurs prêtres un puissant concours. Le rappel de cet âge, maintenant encore, évoque au Japon une image de rare harmonie, de haute élégance, de culture raffinée. Ses beaux romans, œuvres de femmes pour les meilleurs, sont toujours lus. Les poésies et les récits du temps restent dans les mémoires et l'on trouve encore à portée tous modèles et matériaux utiles pour récréer les fêtes du palais et les somptueuses cérémonies religieuses. On sait quels riches vêtements se portaient, on conserve de beaux manuscrits, d'une calligraphie impeccable, de beaux ornements et des sculptures, des peintures. Mêlé à la vie de son temps, Kose Kanaoka, homme de cour et peintre, l'a marqué entre tous par la puissance et la variété de son génie et, dans la suite, a exercé une influence plus grande encore. Comme chez Godōshi, on peut discerner en lui deux tendances différentes, brosse puissante et travail précis, peinture religieuse et peinture civile; il a manié l'encre avec autant de maîtrise que la couleur. Des œuvres nombreuses qui lui sont attribuées, il n'y en a que fort peu qui puissent l'être avec certitude. Mais ses fils et sa suite immédiate précisent bien sa manière. Toute une école bouddhique procède de lui, et sur une autre voie l'école Kasuga. A cause d'elle, à cause encore d'autres filiations ainsi que par le travail de son pinceau dans l'une de ses manières et par le choix de nombre de ses sujets, on peut aussi voir en Kose Kanaoka le très lointain ancêtre des Tosa.

Il convient encore de signaler ici une œuvre précieuse qui est une étape dans la connaissance de la peinture au Japon et un exemple de sa diversité : Amida et les 25 Bosatsu par Eishin sōzu. De dimension inaccoutumée, hauteur 2 m. 10, largeur 4 m. 22, elle a été par la suite coupée en trois. Nulle reproduction n'en peut dire la fraîcheur, l'éclat des visages, l'équilibre des ors et des teintes, la souplesse du dessin. Heureux qui l'a pu voir et pour son charme, et pour la grâce qui découle de sa vue, comme le prétendent les fidèles du Shingon.

Dès le xᵉ siècle, les rapports avec la Chine ont cessé ; sa culture passe dans le domaine classique mais n'en garde que plus de prestige. Cependant les arts de l'un et l'autre pays suivent leurs pentes nationales. Ils iront pour ne se retrouver que plus tard.

Au Japon les œuvres Song (960-1278) ne manquent pas. Il n'est que de regarder. Dès les débuts de la dynastie, la peinture bouddhique, telle que les peintres T'ang l'avaient pratiquée, disparaît peu à peu. Riryōmin cependant, le plus notoire des peintres qui ne l'avaient pas abandonnée, mène le rythme d'un dessin achevé sous le bel accord des plus franches couleurs. Il réserve l'encre à ses paysages. La peinture à l'encre, les paysages, c'est là l'extraordinaire accomplissement des peintres Song. Lettrés, poètes, artistes, inspirés du plus exquis sentiment de la nature, il leur a été donné d'aller assez loin, assez profond pour percevoir au cœur de l'apparence ce qui l'anime et vous émeut, assez pour le sentir, plus encore pour pouvoir le rendre accessible à autrui et le dire enfin d'un art accompli. Un art tel que dans la pratique il est comme s'il n'était pas. Et ces paysages, que nous montrent-ils ? Rien de bien remarquable : de l'eau, des accidents de terrain,

un tronc, des branches, quelque plante, etc. Mais cela nous est offert dans
un ordre tel, baigné d'une telle atmosphère, vibrant d'une si frémissante sen-
sibilité, hors de la race, du pays et du temps. Cette sensation d'univer-
salité, il convient de le noter, la peinture à l'encre, par la suite, nous la réser-
vera souvent. Cependant quoi de plus particulier, de plus essentiellement
extrême-oriental que les moyens d'exécution : soie, papier, encre, pinceaux
et l'intense entraînement de leurs maîtres. Mais l'émoi qui les mène est
proprement humain. Devant cette peinture, en remontant le chemin émo-
tif où son art nous engage, nous parviendrons à mieux comprendre de
quel idéalisme a été imprégnée l'élite de ce temps, libérée de toutes entraves
par l'intuition Zéniste, et qui n'a voulu lire qu'au seul livre de la nature.

Sous la même influence, bien plus tard, alors qu'en Chine un autre
âge s'engageait dans d'autres voies, la pieuse admiration des Japonais
s'est efforcée de réunir quantité de ces peintures. Aujourd'hui encore, elles
sont nombreuses au Japon dans les collections particulières et les temples.
On y peut voir des œuvres de Kisō Kotei (l'empereur Houei-tsong), de
Bayen, Chōtainen, Kakei, Gyokkan, Mokkei, etc., Mokkei dont l'inspiration
et la manière ont exercé une si forte action au Japon. Le Daitokuji à
Kyōto en possède toute une série de la magnifique Kwannon blanche à
une simple fleur, le fuyō (aldea) humide de rosée. Et que faut-il le plus
admirer, d'avoir su voir cette grâce éphémère en sa fraîcheur matinale ou
de l'avoir arrachée à son destin?

Cette ferveur pour l'art des Song s'est étendue au Japon jusqu'à celui
des Yuan (1260-1368), retrouvé en même temps, à la chute de la dynastie mongole, mais dans la mesure où ce dernier gardait encore quelque
fidélité à la technique et à l'idéal des artistes précédents. Comme ces
notes n'ont d'autre prétention que de refaire les étapes parcourues au
Japon, et du seul point de vue japonais, sur le chemin de la connaissance
de la peinture en Extrême-Orient, je m'excuse de négliger ici toute une

partie importante de l'art yuan : son retour aux anciennes conceptions bouddhiques, le réalisme, la couleur brillante, pour ne considérer seulement que les liens qui le rattachent à une immédiate tradition. La maîtrise du pinceau n'a aucune défaillance, mais sent l'école ; on s'attarde aux détails. Enfin, comme si on n'avait pu extraire de l'encre toute sa puissance, la couleur intervient, avec discrétion sans doute, mais le caractère des œuvres en est modifié. Cependant des analogies subsistent, et il pourrait arriver à un œil peu exercé, devant certaines peintures, d'hésiter entre les deux époques.

Il n'en sera plus de même avec la grande dynastie Ming (1368-1643). Essentiellement nationale, elle a exalté à l'extrême le pur génie chinois et mené à un rare point d'achèvement toutes les productions du goût. Cependant la peinture n'a plus les mêmes choses à dire, son art va se trouver comme étouffé sous le triomphe des arts. Certes, dans la décoration, elle ne manquera pas de faire impression par la présentation, l'arrangement des lignes, la beauté des couleurs, et le travail du peintre restera toujours d'une technique savante ; mais, pour nous, l'intense séduction d'autrefois s'est échappée.

Bien que, dès les débuts de la dynastie, les rapports aient été repris avec le Japon, ce ne sont pas les œuvres contemporaines qui marqueront de leur influence l'art japonais de même époque. Mais, pour revenir au Japon, et ne plus le quitter, il nous faut remonter bien en arrière jusqu'aux Shōgun de Kamakura (1192-1333).

Par force et entreprises hardies, les chefs de guerre, les hommes d'armes se sont installés au premier rang. Toute une classe nouvelle, ardente et vigoureuse, la masse des Samurai, émerge du pays et des camps. En approchant du pouvoir, son influence s'étend et aussi sa culture. Le nombre prétend à la beauté, et une réelle extension de la connaissance et du goût suit son ascension. La peinture religieuse est toujours pratiquée ; le zèle des prêtres, excité encore par les difficultés intérieures, ne se ralentit pas. Cependant les écoles nationales Kose, Kasuga, Yamato qui vont bientôt trouver une suite dans les Tosa, et dont l'activité s'était déjà affirmée dès les Fujiwara, prennent de plus en plus une importance prépondérante. A une époque d'individualisme le portrait ne pouvait manquer, non plus que le récit des événements, à une époque d'action. Après les effigies de prêtres peintes suivant la tradition, voici le portrait civil, dont l'inoubliable modèle est celui de Yoritomo, premier shōgun Minamoto, attribué à Takanobu. Puis en longs makimono se déroulent faits de guerre, légendes, scènes humoristiques, actes et aventures de prêtres célèbres, tels que la suite magnifique relatant la vie d'Ippen Shōnin. Les auteurs : Toba sōjō, à la fois peintre de grande peinture bouddhique et dessinateur de la plus humoristique fantaisie, Nobuzane, Sumiyoshi Keion, Mitsunaga, Tsunetaka, etc. Celui-ci, fils de Mitsunaga, est le premier qui ait pris le nom de Tosa. Ces Tosa qui, avec des fortunes diverses, vont perpétuer à travers la longue histoire de la peinture japonaise le souci de montrer les êtres dans leur activité et le décor familier, de conter les événements et de les situer. Quant aux ancêtres de cette longue lignée, leur éminence est évidente par leur curiosité, leur puissance d'observation et l'habileté qu'ils déploient à l'exprimer. Ils ont été des portraitistes et des conteurs, de beaux coloristes pour la plupart et aussi des paysagistes d'une exactitude remarquable. Et il est curieux de noter, dans ces longues suites d'illustrations, où les événements poursuivent leurs péripéties, à quel point les figures se présentent toujours de la plus naturelle façon au lieu même que l'action leur assigne, sans que le moindre soupçon de composition, de mise en scène ne vienne vous effleurer. Dans le décor, dans l'étendue du paysage, réunies, groupées ou dispersées, il n'y a jamais sensation de déséquilibre ; elles sont à leurs places dans le récit, à leurs places dans la nature, elles n'encombrent jamais.

Sanetomo étant shōgun (1204-1219), le prêtre Eisai fut appelé à Kamakura pour y fonder le Jufukuji. D'un pieux pèlerinage en Chine, il avait rapporté la doctrine Zen qui, sous son impulsion, n'avait pas tardé à prendre une grande extension. Avec le Zen, le thé —, mais ce n'est qu'après en avoir fait agréer une bienfaisante infusion au Shōgun que l'usage s'en répandit.

Quelque cent ans plus tard, les temples Zen, anciens et nouveaux, étaient en pleine prospérité et faveur, et le Cha-no-yu (cérémonie du thé) devenait une institution nationale. Son influence au point de vue artistique, comme guide et régulateur du goût, ne cessera d'être considérable. Le même idéal qui avait animé l'art des Song pénétrait la vie japonaise pour ne pas tarder à s'exprimer à son tour avec une aisance souvent égale, parfois accrue.

Le temps passe. Les Ashikaga (1336-1573) ont assuré leur pouvoir. Yoshimitsu, troisième shōgun, s'est installé à Kyōto auprès de la cour impériale. Les relations viennent d'être reprises avec la Chine. Et tout ce qui a souci d'art au Japon éprouve l'allégresse de découvrir dans la peinture des Song et des Yuan comme l'expression même d'une intime pensée. Une époque commence qui se place au centre du long développement artistique de ce pays. Les siècles l'ont préparée, l'avenir en dépendra. C'est l'époque de Josetsu, Chōdensu, Nōami, Soga Shūbun, Dasoku, Shūbun, Sōtan, etc. Et de Sesshu enfin. Par delà le temps et la distance, le même sens de la nature, la poursuite du même idéal qui a animé les Song va sur une autre terre, déjà chargée d'œuvres, pétrie d'autre limon, porter l'expression imagée à un point d'excellence inconnu. Les grands temples Zen de Kyōto deviennent de plus en plus des foyers de culture et d'art. Les peintres sont prêtres pour la plupart. Mais leurs méditations, la poursuite intérieure de la connaissance ne peuvent mieux s'éclairer qu'au travail créateur des apparences qui la recèlent, ne peuvent mieux s'exprimer que par cet art même de l'encre et du pinceau qui avait déjà permis aux peintres song de parler la langue la plus accessible, art docile et souple, parfait serviteur de la sensation, fidèle interprète d'une vision où vibre cette sensation même.

Au Pavillon d'or, Kinkakuji, le shōgun Yoshimitsu, après son abdication, se retirera pour en faire un foyer d'étude, un cabinet de gouvernement discret, une cour de raffinement esthétique.

Au Shōkokuji, Josetsu anime une sorte d'académie de peinture. C'est du Shōkokuji que s'échappera Sesshu pour poursuivre sa glorieuse carrière.

Toute l'existence de Minchō (Chōdensu) s'écoulera au Tōfukuji, vie d'humble prêtre insensible aux honneurs, vie de peintre indépendant, maître de sa forme et de sa pensée, dont la puissance et la fougue se répandent sur d'énormes surfaces pour, aux heures de loisirs, se délasser en peignant de plus modestes images bouddhiques pleines de charme et de sérénité.

Le Daitokuji, nous le savons déjà, possède encore aujourd'hui la plus importante collection de peintures Song qui se puisse voir au Japon. Au Shinjuan, un des bâtiments du temple, Soga Dasoku a vécu et peint la plupart de ses œuvres, paysages, figures de rare individualité. Le Daitokuji, gardien des œuvres, l'est aussi des pures traditions de la cérémonie du thé. Imprégnée dès son origine d'un certain élément religieux, elle s'est perpétuée surtout en tant que pratique de politesse et de communion esthétique. Ce n'est que vers la fin du xvᵉ siècle que Yoshimasa, retiré dans sa somptueuse résidence du Ginkakuji, tenta d'en fixer les règles et l'a voulue un parangon de simplicité, par contraste sans doute avec la vie de plaisir qu'il y entretenait, ou par suprême raffinement.

C'est en ce siècle, entre tous comblé d'œuvres, que Sesshu a vécu (1421-1507). Affranchi des inutiles contingences de la vision, il a su voir, libéré des obstacles de ce que nous appelons métier, et qui n'était plus

pour lui qu'un entraînement vital, il a su exprimer sa vision et de la main
la plus libre qui fût jamais. Il s'est efforcé de rendre le plus avec le moins,
d'atteindre à l'effet capital avec aussi peu de pinceau que possible. D'un
effort constant il a voulu faire jaillir l'image d'un trait, d'un rien, ne libé-
rer que l'essentiel. En Chine, au seuil des ancêtres où il avait tenu à se
rendre en curieux, en étudiant, en missionnaire d'art, l'accueil que la Cour
impériale lui a réservé a été tel qu'il aurait pu être pour les grands dis-
parus. Et dans son pays une admiration constante l'a maintenu à la place
où il avait été mis dès son temps, la première.

C'est sur sa recommandation que Kano Masanobu, son contemporain à
quelques années près, entra en faveur auprès de Yoshimasa pour deve-
nir peintre attitré de sa Cour. Sauf quelques paravents, son œuvre déco-
rative a été détruite. Parmi tant d'excellents peintres, il a tenu une place
éminente, tout en laissant paraître dans son travail le souci de ses modèles
chinois et des influences qui l'avaient formé.

Un tel mouvement d'art ne pouvait se produire qu'en bonne terre, en
son lieu, à son heure, dans le long cours des âges, et sa répercussion devait
être d'autant plus intense qu'il était plus puissant. Le nombre des daimyō
amis des arts devenait de plus en plus grand. Il n'était pas de petite
Cour qui n'entendît participer à tant d'excellence. Cependant le déclin des
Ashikaga s'accentuait, la paix s'en était allée et la plus grande partie du
XVIᵉ siècle fut une époque de troubles et de compétitions.

Au Japon, le paysan n'a jamais manqué à la terre, ni le peintre à ses
pinceaux et ces troubles ne paraissent pas avoir affecté grandement Kano
Motonobu (1476-1559), le fils aîné de Masanobu. Après avoir, en sa prime
jeunesse, erré de provinces en provinces, il s'était fixé à Kyōto où il a
accompli sa magnifique carrière. Il a peint en couleurs, il a peint à l'encre,
il s'est répandu en grandes peintures décoratives, il a résumé dans son
œuvre toutes les réussites des plus ambitieux maîtres chinois; mais dans

sa propre réussite, il n'a pas sans doute montré plus de profondeur qu'il n'en cherchait. Son œuvre offre plus d'éclat que de concision. Il n'a pas, comme Sesshu, tenté de restreindre son pinceau; il a voulu parfaire l'apparence. L'encre ne lui paraissant pas toujours d'une expression suffisante, il lui est arrivé d'y ajouter légèrement de la couleur. Cependant, maître de toutes les formules, que les siècles avaient consacrées, il en a joué encore avec indépendance et souci d'y inscrire sa pensée de peintre. Par son effort inlassé, il s'est élevé très haut, et par ce qu'il avait d'accessible, autant que par cet effort même, s'il n'a jamais atteint à la puissance de Sesshu, il n'en a pas moins imposé l'École de Kano pour trois cents ans.

Mais les temps sont révolus, la formule a été l'esclave de la vision, dorénavant la vision sera le plus souvent l'esclave de la formule. Dorénavant n'est-ce pas plutôt par le mouvement des modes que par l'évolution des Écoles qu'il conviendrait de poursuivre? Des exceptions se manifesteront, quelques-unes éclatantes; mais elles resteront isolées ou viendront trop tard.

Avec le Taikō Hideyoshi (1536-1598), l'art officiel, sans plus se soucier de l'idéalisme Zen, s'échappe vers d'autres fins. A pensées de puissance, décor de majesté. Kano Eitoku (1545-1592) préside à la décoration des palais et des châteaux. Sur les portes, aux plafonds, sur les cloisons en de larges panneaux cernés de bois laqués se déroulent dans les ors, sous la tenue des couleurs, des scènes pompeuses de la Cour des T'ang. Ordonnance des jardins autour des pavillons, mouvement des arbres, fantaisie des branches, grâce des fleurs, souplesse des animaux, toutes splendeurs décoratives dont il est difficile de se faire ici une idée, sauf peut-être par les paravents qui sont venus jusqu'à nous.

D'autre part, en l'automne de 1587, Hideyoshi convoquait à Kitano tous les amateurs de thé de l'Empire sans distinction de rang ni de classe. A cette réunion le code d'étiquette, ébauché par Yoshimasa, fut définitivement fixé dans un sens de simplicité plus grande, celui-là même qu'il convient encore d'observer aujourd'hui. De toute part on répondit à cet appel, et l'affluence montra jusqu'à quel point, avec la ferveur pour le thé, s'étendait le souci du choix et le goût du beau. Bientôt c'est le pays tout entier qui allait y participer.

Les Tokugawa (1603-1868) ont pris le pouvoir et près de trois cents ans dans une paix profonde le garderont.

Les Écoles poursuivent leurs voies dans le respect des maîtres et le souci de les égaler. Mais la joie de peindre s'amuse à la virtuosité ou l'inquiétude pousse à l'indécision. Cependant jamais l'art n'a été si répandu, jamais tant goûté, ni autant servi. Certes il y a de belles réussites de métier, mais l'heure n'est plus aux émotions d'autrefois. On peint pour les autres plus que pour soi-même, la peinture incline à la profession et le public à la clientèle. En ces temps la vie était aisée, la concurrence moindre, peut-être la réflexion. Joies simples à fleur de pensée, et la peinture restait, après tout, le seul moyen de libre expression. L'on ne s'en privait pas, tout en ne disant pas grand'chose et à peu près la même chose et de la même façon. Mais l'agrément n'était pas petit, on sait si bien prendre son plaisir. Puis l'amateur s'efforce de collaborer avec l'artiste, il y a un art de présentation qui peut aller très loin ; l'ordonnance du Chāseki (pavillon de thé), dans les limites de la tradition, est une manifestation de goût. L'amateur fait ses preuves, il joue de l'harmonie dans la diversité et par la façon de montrer l'œuvre, le tour qu'il lui donne dans la suite du temps, la place qu'il lui réserve. Des choses belles en formes et couleurs, mises au voisinage qui les fait valoir, font valoir ce qui les entoure. Une fleur dans le cadre de la maison, le cadre de la maison pour une aquarelle pendue.

Les époques ont plus ou moins à dire, il leur est arrivé de ne pas dire grand'chose, mais elles l'ont toujours bien dit. Dans la suite de ce mouvement nombreux, ininterrompu mais un peu terne, il ne se pouvait pas que quelques points lumineux n'apparussent. Il convient de citer Sanraku et les réussites de Sansetsu avec la peinture à l'encre dont la vogue reprenait. Enfin Tanyū (1602-1674) va redonner un puissant éclat à l'École des Kano. L'idéal des maîtres d'autrefois, les réussites des Écoles chinoises l'enflamment de nouveau. Et lui aussi aura connu cette allégresse du pinceau, cette aisance qui a lié pour toujours l'émotion à l'image qui l'exprime. Et cette émotion essentielle, nous pourrons toujours la retrouver dans ses œuvres.

Au courant de ce résumé, nous avons beaucoup négligé les Tosa. Peut-être parce que nous croyons en avoir dit ce qui importait le plus. Nous aurions dû cependant mentionner au début du xvie siècle Tosa Mitsunobu et à sa fin Iwasa Matahei. Et maintenant voici qu'au milieu d'une production assez médiocre paraissent enfin trois noms éclatants que l'École réclame : Honnami Kōetsu (✝ 1637), Kōrin (1660-1716), Sōtatsu (vers 1670).

Kōetsu est certes, d'entre les artistes du Japon, l'un des plus géniaux qui fût autant par sa maîtrise en plusieurs arts, par son imagination que par le grandiose de ses conceptions qu'il a su allier souvent à une facture plus minutieuse, proche en effet de celle des Tosa. C'est par l'imagination et l'inattendu de l'ordre décoratif que son œuvre pourrait avoir eu l'influence qu'on lui prête sur Kōrin. Cependant pour celui-ci, sans doute aussi pour Sōtatsu, que l'influence de leur temps et des maîtres leur eût fait défaut, ils n'auraient toujours pas manqué de s'élever par eux-mêmes. Leur charme est sans mélange, et flagrante leur originalité, surtout celle de Kōrin dont toute l'œuvre est vivifiée de pure sève puisée au terroir. Peut-être trouvera-t-on un intérêt à lire ici un résumé de ce que Ōoka Shumboku écrivait de l'un et de l'autre en 1720. Il disait de Kōrin qu' « à voir les plantes qu'il peignait, c'était comme si on découvrait de loin les champs » et aussi « que la soudaineté de son pinceau était comme l'averse qui coule sur la feuille du bananier. » Pour Sōtatsu il fait remarquer « qu'en peignant les fleurs de printemps et d'automne, il a su user avec art de la couleur d'or, aussi a-t-il acquis un style particulier, et tout le monde regarde avec plaisir ses œuvres ». Intéressantes en elles-mêmes, ces observations ont une portée générale en ce quelles montrent à quel point les Japonais se soucient de la facture, du métier qui est de capitale importance dans l'art d'Extrême-Orient. Il a une beauté en soi, mais sa puissance souveraine réside dans ses possibilités.

Nous avons un peu plus haut cité le nom d'Iwasa Matahei. Beaucoup de peintures lui sont attribuées ; on en conteste tout autant, mais directement ou non, sa manière, ses sujets sont connus ; il a poussé plus loin et en d'autres milieux l'enquête menée par les Tosa, leur tendance anecdotique, et il ne se pouvait pas que l'École populaire ne lui fût pas rattachée. Celle-ci cependant ne prendra un réel développement que plus tard, aux environs de la brillante époque Genroku (1688-1703), qui correspond curieusement au temps de Louis XIV. Ici les Japonais sont chez eux, voilà un art bien à eux. Par ses moyens d'expression, il est issu directement de la tradition nationale, et ses sujets, il les prend dans le mouvement de tous les jours. Petit journal de la vie et des métiers, chronique du plaisir, le Japon qui s'épanche et se regarde tel qu'il est, ou se veut voir. Il dira la jeunesse et ses loisirs, donnera le portrait des acteurs et l'image des beautés (bijin) du moment, de leurs modes plutôt. La silhouette sans doute est bien ainsi, et la taille, et les belles étoffes, mais la face est interchangeable sous une coiffure au goût du jour. Beaux mannequins indifférents dans leurs robes somptueuses, sans un émoi égoïste, un regard particulier.

En somme dessin précis, élégant, exactitude du mouvement, du décor et charme de la présentation, verve de l'anecdote et généralisation des types. Art sans mystère aussi connu chez nous qu'apprécié.

Dans tout ce xviiie siècle, en même temps que sortent les bijin et que la foule se complaît dans toutes les manifestations de l'art populaire, les anciennes écoles ne chôment pas. Artistes et artisans vont de maître en maître. Les anciens nobles de cour même peignent toujours pour le plaisir, comme autrefois, ou de discrets profits. Les Kano persistent, les Tosa se transforment, les indépendants cherchent leur voie dans l'étude des Chinois contemporains, tel Jakuchu, de vrais artistes s'échappent de la formule comme Buson (1716-1783) et Taigadō (1722-1775). Il y a les rénovateurs comme Tani Bunchō (1763-1840) qui va brosser ses paysages avec l'inspiration retrouvée et la verve qui fut, les novateurs enfin comme Maruyama Ōkyo (1733-1795).

Ōkyo a-t-il réellement rompu avec la tradition ? Sans doute par le réalisme de sa conception, ou bien encore parce qu'il lui a été donné d'aller au delà de cette tradition même. Dans le dédain des formules, l'extraordinaire habileté de son pinceau lui a permis de s'échapper hors des thèmes consacrés et de l'expression admise. De toute sa libre personnalité il va à la vie plus qu'au rêve, et, pour animer les êtres, les choses, les spectacles, pour exprimer le souffle et le mouvement, cette habileté, comme premier instrument, lui était de toute nécessité. Hors du détail, il va condenser d'un trait, dans une goutte d'encre toute puissance d'expression. Pour des fins différentes sans doute, mais avec des soucis d'autrefois, avec des armes semblables, mais forgées de ses propres mains, à l'aide d'une particulière escrime du pinceau, il s'est placé au niveau des plus grands et, comme ceux-là même en leur âge, il a, lui aussi, rendu manifeste à la veille d'un autre temps toute la sève qui cette fois encore gonflait le pays.

Dans cette poussée, à son exemple, puiseront à profusion ses émules et ses disciples, Ganku, Goshun, ses descendants, toute une suite que le plus simple est de confondre sous le nom d'École de Shijō et dont l'activité se prolongera bien avant dans le siècle suivant, moins soucieuse de tradition qu'anxieuse de vie nouvelle.

Les siècles sont passés, les témoins restent, images qu'un œil vivant, maître de sa vision, a choisies pour en laisser l'émotion même qu'il a ressentie. Maintenant, bien roulées, enfermées dans leurs boîtes, elles demeurent assoupies dans l'ombre des collections. Vienne un jour de fête ou de réception et, pour la délectation du moment, un choix sera fait, le Kakemono sera pendu au Tokonoma de la maison ou du chāseki. Et comme d'une musique ancienne s'échappent des harmonies d'autrefois, celles-là même qu'un pinceau ancien a fixées pour toujours s'éveilleront sous nos yeux. Alors, tel Mahā-Kāçyapa accueillant d'un sourire la fleur que le Bouddha lui montrait en souriant, mieux que de s'évertuer en de vaines paroles, il ne sera que de s'émouvoir à leur beauté.

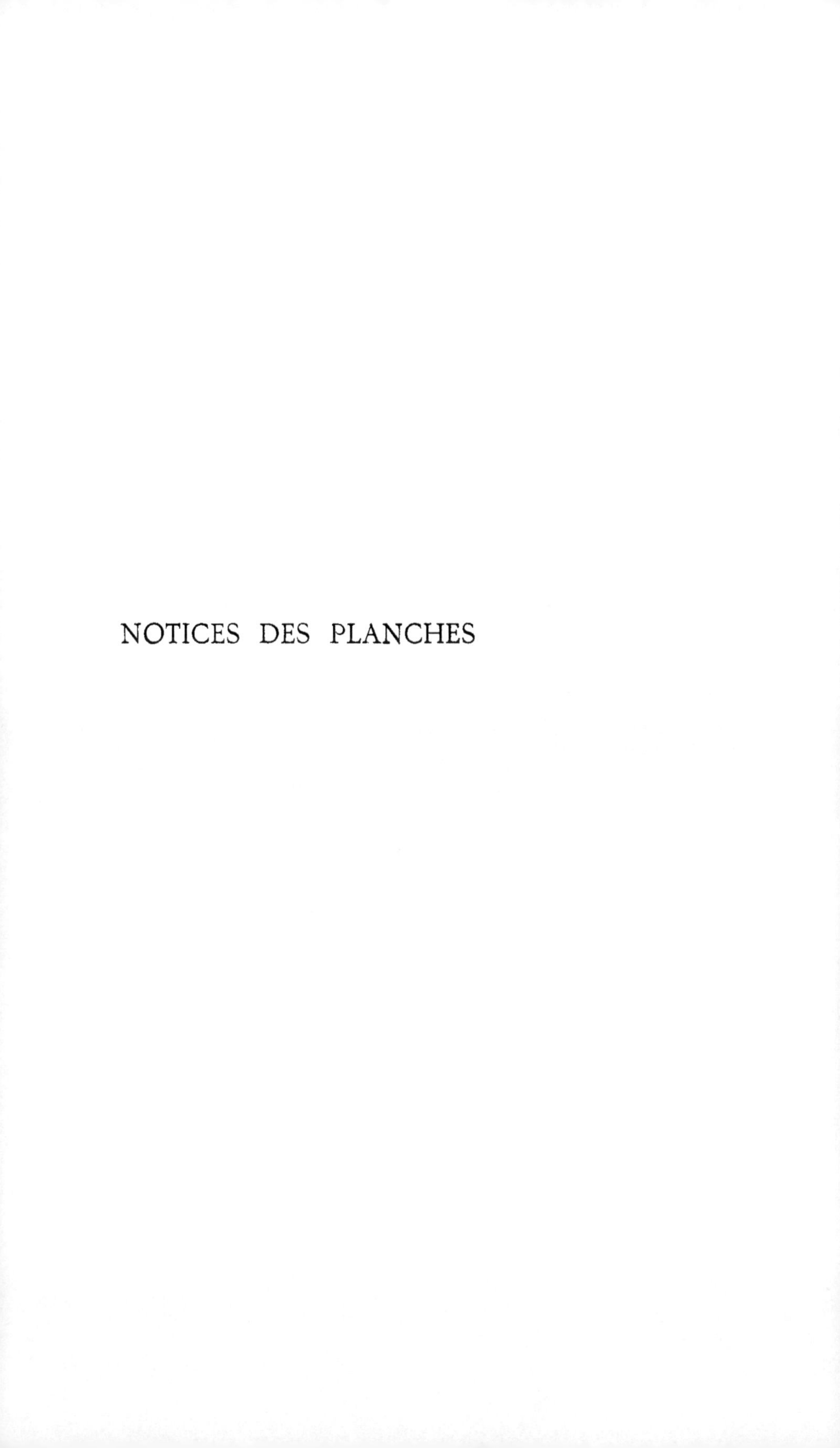

NOTICES DES PLANCHES

NOTE PRÉLIMINAIRE

Pour les noms chinois nous avons suivi la prononciation japonaise. Outre qu'elle nous est familière, nous avons eu pour en user ainsi les mêmes raisons que Fenellosa qui l'avait adoptée avant nous. Cependant nous n'avons pas manqué de noter la prononciation chinoise moderne.

Il a fallu aussi choisir une orthographe pour la transcription des mots japonais. Le mieux n'était-il pas de suivre la méthode la plus généralement répandue ? Il sera donc utile de noter que ch se prononce tch — e n'est jamais muet ; au commencement d'une syllabe il se prononce ye — g toujours dur — h au commencement d'une syllabe toujours aspiré — j se prononce dj — r est plus près de l que de notre r — sh ressemble à notre ch — u se prononce ou excepté après s, il devient alors muet — z se prononce dz.

Nous savons combien le jeu des attributions est souvent fantaisiste. Cependant chaque fois que nous avons trouvé d'anciennes attributions soit sur les boites, soit par certificats joints aux peintures, nous avons toujours cru utile de les mentionner même quand il nous était difficile d'y souscrire. Attributions, signatures même, sceaux ne prouvent pas grand'chose. La qualité de l'œuvre, sa facture, sa matière parlent seules. Il ne faudrait pour tant pas porter la suspicion trop loin aussi bien pour les peintures chinoises que pour les japonaises. Dans les temps anciens il est venu au Japon de grandes quantités d'œuvres chinoises. Comprises, appréciées, elles étaient généralement bien choisies. Les Chinois immigrés en ont apporté, les moines, les voyageurs ont été à leur recherche. Et n'en est-il pas de même aujourd'hui pour un art peut-être moins accessible ? Pour une bonne part tout cela s'est assez bien conservé en dépit des incendies et tremblements de terre. Il en a été de même pour les œuvres nationales qui, bien roulées et enfermées, rarement exhibées, n'ont pas eu trop à souffrir de la suite des jours et des ans.

En ce qui concerne le classement, les nationalités mises à part et groupées, ainsi que l'École Populaire japonaise, que nous n'avons pas voulu introduire dans un milieu qui ne l'accueillait pas, nous avons suivi autant que possible l'ordre chronologique. Cependant il nous est arrivé, et nous nous en excusons, de laisser se chevaucher quelques dates pour ne pas éloigner les unes des autres des peintures de même école.

PLANCHE I.

Kwannon.

Kakemono, soie, couleurs.
H. 1.13 — L. 0.41.

Anciennement attribué à Riryōmin (Li Long-mien). xıᵉ siècle († 1106).

Kwannon est représentée sous des atours mondains, c'est Reishojō ou Barufu Kwannon, pierre précieuse qui a le pouvoir d'exaucer tous les désirs de celui qui la possède. Chevelure très sombre, blanc le visage aux lèvres rouges, blanches les chairs que drape un ample vêtement à beau ton de bure doublé de jaune. La robe de dessous qui voile la poitrine est verte. Les ornements : du vert malachite, des jaunes, du vert encore et des rouges et bruns et améthystes. Toutes couleurs qui sans un éclat se tiennent et se fondent en une harmonie que la reproduction malheureusement ne peut exprimer

Deux poésies :

« Sous l'éclat des perles, dans les torsades de sa chevelure les nuées se dissipent. Nous ignorons combien d'hommes sont à abri de l'erreur. Les reflets de la lune qui miroitent sur la crête des vagues viennent du même foyer qui éclaire toute demeure Pourquoi s'échapper à la recherche de soi-même en dehors de soi ? Signé : Nanko-e-un sō Kinsan. Sceau — Houei-yun so de Nan-hou.

« Dans une noble chevelure qu'une épingle soit piquée c'est chose ordinaire. Que la main quémandeuse qui tire le vêtement du chaland bannisse toute anxiété, ce monde est-il sans marchand ? Dans la branche verte du saule que le poisson soit enfilé, cela suffit. » (Allusion à Reishojō, toujours représentée soit avec un poisson qu'elle va vendre soit avec la monnaie qu'elle a reçue.) Signé : Tendō biku (bonze) Kingwan Haisan. Sceaux — Le bonze Hi-yen de T'ien-t'ong.

Sous le couvercle de la boîte on peut lire : « En l'an 5 de Temmei (1775) 10ᵉ mois 4ᵉ jour étant au palais de l'Ouest ai reçu ceci en présent. »

L'œuvre n'est pas signée, l'attribution à Riryōmin est fort ancienne. Mais de quelque pinceau qu'elle soit, elle est Song et d'une rare maîtrise.

PLANCHE II.

Hérons sur rochers.

Kakemono, soie, encre.
H. 0.94 — L. 0. 39 1/2.

Anciennement attribué à Kakei (Hia-Kouei). Song, vers 1200.

Peinture non signée. Elle porte un sceau difficile à identifier. La facture, la puissance du pinceau, les valeurs, la qualité des encres, sont caractéristiques. Kano Hogen Tsunenobu appuie de son autorité l'attribution à Kakei par un certificat daté du 7e jour du 7e mois de 1688. Signé moitié de son sceau restant apposée, pour contrôle, sur son registre particulier.

Par les soins donnés à cette peinture, par sa monture qui est remarquable, les anciens possesseurs ont montré le souci qu'ils en avaient. Peut-être est-il intéressant de noter que le peintre Yuchiku (No rô Kaiseki de Kyôto, mort en 1828) à qui elle appartenait au début du siècle dernier, avait demandé à un habile monteur de kakemono, Morita Kôjirô, ce qu'il pensait de sa monture et celui-ci, à la date du premier mois de 1824, lui adressait une lettre en faisant le plus grand éloge et où il lui énumérait les noms et les qualités des étoffes précieuses qui la composaient.

Cf. Mast. select. f. Fine Arts of Far East, IX, pl. 75.

PLANCHE III.

Paysage sous la lune.

Kakemono soie, encre.
H. 1.06 1/2 — L. 0.30.

Par Gyokkan (Yu-Kien). Song.

S'il nous est facile d'apprécier l'ampleur magistrale du pinceau qui a dressé ce paysage, son inspiration intime et mystique nous est sans doute moins immédiatement accessible, moins aisé encore l'accès aux deux poésies qui l'accompagnent. Elles ne peuvent cependant qu'activer l'émotion d'art de celui qui en goûte la calligraphie et en approfondit le sens et l'expression. Elles prolongent pour ainsi dire le domaine de la vision.

Je m'excuse d'en donner un à peu près. En haut, à gauche : « D'entre la masse des mots minutieusement accumulés, une parole jaillit. Du sein des nuées, dont l'obstacle s'entasse, voilà que la lune paraît. » Cette poésie est signée du prêtre Temmoku Chūbō. Chinois : T'ien-mou tchong fong.

A droite de haut en bas : « Le ruisseau et la cloche du temple confondent leurs bruits. Sous la lune souffle une douce brise, haleine de pureté. C'est là le lieu d'élection de Rokusō (sixième sectateur de Daruma); habiter là, oublier les vains bruits du monde. » Au-dessous de cette poésie le sceau de Gyokkan.

A ce kakemono est joint un certificat de Hitomi Hirozaemon, abbé du Shinjujuan (Daitokuji) pour la poésie de Chūbō.

PLANCHE IV.

Paysage.

Kakemono, soie, encre et couleurs légères.
H. 0.69 — L. 0.30.

S'il convient de mentionner l'ancienne attribution japonaise à Chōtainen, prononcée à la chinoise Tchao Ta-nien (Song, XIIe s.), qui se trouve sur la boîte, elle ne me paraît pas pouvoir être retenue et l'œuvre est sans doute un peu plus récente.

Aux premiers plans, sur les encres d'une légère élévation de terrain, un groupe d'arbres, feuilles sombres sur d'autres plus claires, couleur indécise vert bleuâtre. Une barque au fil de l'eau. Le plus lointain sommet se bleuit. Les parties colorées sont de tons plutôt atténués qu'effacés. L'ensemble profond, singulièrement aéré, pourrait évoquer la douceur d'atmosphère chère à Corot.

PLANCHE V.

Branche de vigne et raisins.

Kakemono, soie, encre.
H. 0.321/2 — L. 0.27.

Anciennement attribué à Nikkwan (Je-kouan) (Song, XIII⁰ siècle).

Les raisins sont d'un rendu de la plus curieuse habileté ; le dessin, l'allure d'ensemble ont bien les caractéres et la sûreté du travail de Nikkwan. En est-il de même du ton de l'encre ? Je ne saurais l'affirmer. Ce qui reste de la soie est en tous cas de grande ancienneté.

Sur la feuille qui protège le couvercle de la boîte, il est écrit que la monture a été établie suivant le goût de Sowa et que l'inscription sur la boîte est de la main même de Sowa. On lit ensuite que cette peinture provient du Manjuin (temple).

PLANCHE VI.

Le sennin Kenshi.

Kakemono, soie, encre, colorations légères.
H. 1.04 — L. 0.31.

Attribué à Sessō. Hiue-tch'ouang. Époque yuan (1260-1368).

Les sennin sont des êtres, sortes de génies singuliers, d'ermites vivant dans la retraite en des lieux écartés. Kenshi est connu aussi sous le nom de Saji (chinois Tsao-tseu).

Les chairs sont teintées, peut-être aussi une partie de la robe légèrement éclaircie. Le pinceau se souvient encore des artistes song et l'encre a coulé avec une rare allégresse. Nous sommes toujours à l'heure où s'épanouit cette merveilleuse escrime du pinceau qui, remontant déjà loin dans le temps, restera le modèle de la plupart des Écoles japonaises.

Monture soignée, très ancienne, et précieuse étoffe chinoise désignée au Japon sous le nom de « murasaki inkin », impression d'or sur fond violet.

Au sommet de la peinture, une poésie.

Certificat par Tanyu.

Un autre par Sasayama Korenari.

PLANCHE VII.

Pavillon sous des bambous.

Kakemono, soie, encre, couleurs légères.
H. 1.17 — L. 0.30.

Anciennement attribué à Sokun taku (Souen Kiun-tcho). Époque yuan.

Le personnage assis dans le pavillon est vêtu de blanc, blanc aussi l'extrémité du rideau au-dessus de lui. Le feuillage des bambous et les herbes sont colorés d'un vert légèrement bleuté.

Poète en sa retraite, tout à la contemplation du paysage sous la lune qui vient de se lever. La longue inscription en haut de la peinture semble vouloir exprimer les pensées qui l'assaillent. Les deux cachets sont ceux de l'auteur de cette inscription.

Peinture non signée. Elle a été attribuée à Sonkuntaku qui avait étudié sous Bayen et Kakei (Ma Yuan et Hia Kouei), mais si les monts, dans le lointain, le tracé du ruisseau et surtout le rocher sont d'une facture qui rappelle celle de ces maîtres, le travail du feuillage, la maison, le personnage sont déjà d'une autre époque.

PLANCHE VIII.

Gama sennin.

(Kôsensai, le sennin au crapaud, en chinois Houang-ts'iuan-jen.)
Kakemono, papier, encre, chairs colorées.
H. 1 — L. 0.44.

Deux tons briques, l'un pour les chairs, l'autre pour le crapaud, celui-ci plus intense.

L'allant et la puissance de cette peinture sont tout à fait remarquables; le visage offre une grande vigueur d'expression et paraît comme modelé, œuvre à coup sûr d'une réelle originalité.

En haut, sur la droite, deux cachets : Risei et Kanki. Ce sont bien les cachets du peintre Risei (Li Tcheng), mais il me paraît difficile d'admettre que cette peinture soit réellement de Risei, peintre du viiie siécle, célèbre surtout comme paysagiste. Sa facture me la ferait plutôt croire du milieu ou de la fin des Yuan.

PLANCHE IX.

Camélia sous la neige et oie sauvage.

Kakemono, soie, encre et couleurs.
H. 1.06 — L. 0.50 1/2.

Attribué à Rôki (Lu-Ki) (Ming).
Quelques tiges feuillues de bambous dont la verdure apparaît sous la neige. Des feuilles de camélia, des fleurs. Elles sont rouges, étamines jaunes; les herbes vertes. L'oie : grandes plumes noires bordées de blanc; petites, grises; détails à part; dans son ensemble, du gris sur le blanc duvet du col et de la poitrine, patte jaune.

L'attribution à Rôki, 1490 environ, très sérieuse, me paraît devoir être retenue. En tous cas, l'œuvre a tous les caractéres de sa manière et de son temps.

PLANCHE X.

Shaka.

Kakemono, soie, couleurs.
H. 1.04 — L. 0.46.

Debout sur les lotus, Shaka est drapé de pourpre sur du vert sombre, l'une et l'autre étoffe à dessins dorés. De l'or pour la face et la poitrine, pour les mains et les pieds et l'auréole.

Œuvre de haute époque, mais qui me paraît difficile à situer. Dès l'abord, je ne saurais trop dire pourquoi, j'avais cru y trouver une très ancienne manifestation de l'art bouddhique au Japon, contrairement au sentiment général qui y voyait une suite de Gōdoshi (Wou Tao-tseu, *circa* 713-740); mais ne faudrait-il pas se ranger plutôt à l'avis de M. Sekino dont l'autorité est grande et qui a poursuivi de longues recherches en Corée. Or il la regarde comme étant selon toute probabilité coréenne. Si elle n'était pas coréenne, elle serait chinoise. Je ne pouvais mieux faire que d'adopter son avis, c'est pourquoi au lieu de mettre cette peinture en tête des peintures chinoises, comme sa date l'aurait voulu, l'ai-je placée entre les chinoises et les japonaises, comme le demande son origine.

Comme date, il est évident que là aussi nous sommes tenus à un certain flottement, mais en lui assignant une époque un peu antérieure aux Song, je crois que nous ne nous tromperions pas outre mesure.

PLANCHE XI.

Sanetomoko nikkwa Kwannon.

(Kwannon, œuvre quotidienne de Sanetomoko.)
Kakemono, papier, encre.
H. 0.23 1/2 — L. 0.17.

Un mois durant, à titre d'offrande pieuse, Sanetomoko, shōgun de Kamakura de 1204 à 1219, traça chaque jour une image de Kwannon, travail que quelques auteurs pourtant attribuent plutôt à Masako, sa mère, connue aussi sous le nom d'Ama Shōgun (la nonne Shōgun), morte en 1225. C'était l'avis de Kano Hoin Yōkobu (Tsunenobu).

Le « Kogwa bikō », important ouvrage sur les peintres anciens, reproduit divers récits au sujet de cette Kwannon. Il dit, en s'appuyant sur l'autorité de Tsunenobu, que trente exemplaires auraient été trouvés dans la tête d'une statue de Shaka en bambou du Jufukuji (temple), l'an 4 de Genroku (1691). Un exemplaire qui lui avait appartenu a brûlé en Bunsei (1818-1829). D'après un autre récit, le temple en possédait six exemplaires en l'an 4 de Hoei (1707), les seuls connus alors. L'auteur du récit en reçut un, les autres furent montés en kakemono et offerts, à titre de remerciements par le temple à diverses personnes.

L'œuvre n'est pas signée, elle porte un sceau sur lequel on lit : Kikokuzan Jufuku-zenji nozo : propriété du Kikokuzan Jufukuzenji (temple).

Certificat dont voici la traduction : Kwannon, œuvre quotidienne de Sanetomoko. Pour cette œuvre d'authenticité absolue, un certificat est inutile, il n'y a pas lieu à contestation. 2ᵉ année de Horeki (1752), signé : Riu un du Kikokuzan Jufukuzenji. Cette œuvre provient de la collection de M. Kawara d'Osaka, qui l'avait acquise de M. Aoki Nobutarō de Tōkyō.

PLANCHE XII.

Portrait de Sugawara Michizane.

Kakemono, soie, couleurs.
H. 0.96 — L. 8.37 1/2.

Attribué à Tosa Tsunetaka (vers 1240).
Sous une sorte de rideau brun rouge foncé à fleurs stylisées de prunier blanc, relevé par une cordelière à glands mi-blancs et rouges, Michizane siége, jambes repliées. Visage et mains couleur chair, vêtement d'un noir intense à retroussis blancs, un peu de rouge sombre au-dessus des tabi blancs et vers les deux pointes extrêmes du vêtement. En main le shaku, ton blanchâtre, la poignée du sabre jaune apaisé. Derrière Michizane, les fleurs rosées du prunier symbolique, dont les branches disparaissent dans le fond assombri, ainsi que le pin sans doute. Au-dessous de la bordure de la natte épaisse, sur laquelle il est placé, s'avance le plancher d'un ton éclairé gris brun, frotté de gouache.

Sauf le vêtement, qui a toujours dû être du noir le plus intense, l'ensemble de la peinture a beaucoup noirci. La soie est fatiguée, protégée surtout par la peinture d'une matière un peu épaisse. C'est un exemple particuliérement réussi de l'ancienne peinture essentiellement nationale (Yamato-Tosa).

L'œuvre n'est pas signée, mais Tsunetaka en a toujours été désigné comme l'auteur et il y a tout lieu de considérer cette attribution comme exacte.

PLANCHE XIII.

Écuyers du palais maitrisant un cheval.

Kakemono, papier, encre et couleurs.
H. 0.33 — L. 0.72 1/2

Anciennement attribué à Ukyo no tayu Nobuzane.

Les chairs des personnages sont relevées d'un léger coloris. Celui qui tire sur la longe porte un vêtement tabac assez clair, sur le côté une petite échappée de l'étoffe de dessous d'un ton bleuté. Le ton du papier donne sa couleur au vêtement de l'autre figure, la petite ouverture de côté laissant passer une légère teinte bise. La bride est rouge éteint, la longe paille.

Il se pourrait que cette peinture fût un fragment de makimono. Elle a été attribuée à Nobuzane (1177-1265). Mais l'attribution me paraît contestable et je ne pense pas qu'il convienne de la retenir. En tous cas, il s'agit d'une œuvre des débuts de l'époque Kamakura (1192-1333).

PLANCHE XIV.

Au spectacle, derrière un store.

Kakemono, papier, couleurs.
H. 0.32 — L. 0.29 1/2.

Les « Setsue » sont des festivals donnés à dates fixes au Palais Impérial. De hauts personnages ont pris place derrière un store pour en suivre les péripéties. Celui de gauche est vêtu de rouge orangé à dessins plus foncés, coiffé de noir ; même coiffure pour celui du centre, en arrière. La femme est en blanc, légers dessins rouges, le fond est d'or. Les visages sont blancs, très vivants, très dessinés, seul celui de la figure de second plan paraît peint d'une matière plus froide.

Un certificat attribuant cette peinture à Ariwara Narihira (ixe siècle), est signé par

Tosa Michizane (1782-1852). Attribution évidemment fantaisiste, mais elle pourrait représenter quelque épisode d'un roman dont Narihira serait le héros. Quoi qu'il en soit, cette peinture est l'œuvre d'un très ancien Tosa, d'entre les tout premiers. N'a-t-elle pas en outre la singulière particularité de nous offrir de curieux rapports avec nos primitifs?

PLANCHE XV.

Cavalier.

Kakemono, papier, encre teintée.
H. 0.33 — L. 0.42.

Attribué à Kose Korehisa (xive siècle).
Cette peinture, sans doute fragment de makimono, montée autrefois en kakemono, a été récemment remontée sur cadre.
La ceinture du cavalier est rehaussée de blanc et aussi la sangle du cheval. Rouges les montants de la bride, la longe, la croupière.
L'œuvre est très caractéristique de la manière de Korehisa et l'attribution ne paraît pas contestable.

PLANCHE XVI.

O Hina sama et branche de pêcher blanc.

Kakemano, papier, encre et couleurs.
H. 0.27 1/2 — L. 0.37 1/2.

Par Tosa Mitsunobu (1445-1543).
Le hakama (sorte de large pantalon plissé) gris jaune, ainsi que la coiffure, le haut du vêtement rouge à dessins blancs. L'enveloppe de l'autre poupée, ceinturée du même jaune, est mi-partie blanche et rouge; sur le blanc, quelques traits d'herbes bleutés. Ses longs cheveux sont d'un noir profond. Et ce noir, et ce rouge sont bien les

tons mêmes d'une qualité singulière qu'affectionne Mitsunobu et que l'on retrouve si souvent dans ses œuvres. La tige du pêcher est d'encre, les feuilles sont bleuâtres, les fleurs blanches.

O Hina Sama, c'est le couple traditionnel de poupées cher aux petites et grandes filles ; la branche de prunier blanc lui est généralement associée.

Non signé.

Sceau : Amaki Munenaka.

PLANCHE XVII

Nawa Monju.

Monju vêtu de cordes.
Kakemono, papier, encre.
H. 0.66 — L. 0.28.

Chōdensu (1352-1431).
De son vrai nom Minchō, bonze du Tofuku-ji à Kyōto, fondateur de l'École appelée Unkaku-ryū.

La présentation est traditionnelle, mais l'œuvre est d'une rare originalité par l'individualité spirituelle de la face, par le charme de l'expression dans le beau noir de la chevelure, au-dessus des nuées.

Poésie datée de 1418 et signée Shōrin Harsan.

Peinture non signée.

Sceau de Chōdensu : Sekkyakushi.

PLANCHE XVIII.

Kwannon.

Kakemono, soie, encre, couleurs.
H. 0. 73 environ. — L. 0.38 environ.

Anciennement attribué à Chōdensu (1352-1431).

Kwannon sur le rocher, dans la main le lotus.

Au centre des ornements de la tête, un Bouddha entouré de flammes (Amida Nyorai). Les ornements de tête, des bras et du pied sont dorés, le lotus coloré d'un ton chair. Les deux bandelettes flottant sur les côtés d'un vert assez sombre; sur la poitrine, le vêtement de dessous retenu par des cordelières à ornements d'or, est rouge; il reparaît tout en bas, pendant sur le rocher, au-dessus de la robe blanche, entre deux étoffes bleues. Des herbes verdâtres, quelques petites fleurs empiètent sur le côté de la robe blanche. Une vague se brise aux pieds. Derrière la tête, l'auréole. Le fond est brun.

L'œuvre a dû être quelque peu rognée durant les remontages successifs. Elle a été attribuée à Chōdensu, mais je ne saurais dire à quel point cette attribution est justifiée. Néanmoins je crois qu'il convient de la placer à l'époque Ashikaga (1336-1573).

PLANCHE XIX.

Bambous sous la brise.

Kakemono, papier, encre.
H. 0.47 — L. 0.32

Anciennement attribué à Gyokuyenshi († 1420).

Le peintre Seisen Hōgen, première moitié du XIXe siècle, appuie de son autorité une attribution ancienne à Gyokuyenshi. Si cette peinture n'est pas chinoise, et il ne paraît pas qu'elle le soit, elle ne peut avoir été exécutée que par un des peintres de l'École chinoise qui ont travaillé dans le style de Mokkei (Mou K'i), et Gyokuyenshi, célèbre pour ses bambous, ne pouvait manquer d'en être l'auteur désigné.

Et c'est un exemple du jeu des attributions. Voici une œuvre qui par la qualité de son papier, de son encre, de toute sa matière porte bien sa date et d'une telle évidence qu'un nom s'impose alors même que sa facture ne répond pas à tout ce qu'on en pouvait attendre.

PLANCHE XX.

Reishojō.

Kakemono, papier, encre, couleurs.
H. o. 53 — L. o. 25.

Anciennement attribué à Oguri Sōtan (v. 1450).

Kwannon sous l'apparence de Reishojō. Le panier au bras, les menues monnaies au creux des mains jointes. Elle est vêtue de blanc, les parements de la robe étant rouge brun ; du vert malachite sort des manches. Au col, sur la poitrine, les plis d'une étoffe orange foncé, ceinture claire à dessins colorés. Allure sculpturale. Cette belle allure justifierait l'attribution, mais qu'en est-il réellement ?

Quoi qu'il en soit, l'œuvre est du xve siècle. En haut, une poésie.

PLANCHE XXI.

Pêcher en fleurs.

Kakemono, papier, encre.
H. o.57 1/2 — L. 0.20.

Soga Dasoku (vers 1470).

Poésie et peinture présentées simultanément à l'œil et à l'esprit soulèvent en général une singulière émotion d'art chez l'amateur d'Extrême-Orient. Or sous cet aspect, la présente peinture m'a toujours paru leur être particulièrement sensible. Voici à peu près le sens de la poésie :

De la petite fleur de pêcher qui s'entr'ouvre à peine s'échappe la mélancolie du printemps. Et si l'on regarde en arrière vers le passé, on retrouve les choses d'autrefois des antiques capitales. Toutes choses qui doucement s'insinuent au cœur. C'est alors que voltige un duvet léger et coloré qui vient demander à la fleur de lui dire les choses du passé des capitales d'autrefois.

Poésie par Setsurei Chorō (Setsurei Chorō du Kenninji). Signé-sceau.
Peinture non signée.
Sceau : Dasoku.

PLANCHE XXII.

Daruma.

Kakemono, papier, encre, coloration légère.
H. 0.59 1/2 — L. 0.32.

Soga Dasoku (v. 1470).
Les chairs ont une légère teinte brune, le blanc des yeux est accentué.
Outre une tradition ininterrompue, la puissance d'expression du visage, la facture
particulièrement celle des plis du vêtement, suppléent à toute signature.
La poésie est du prêtre Shumpō.
Ses deux sceaux.

PLANCHE XXIII.

Saigyo Hoshi dans un coin de campagne.

Kakemono, papier, encre.
H. 0.60 1/2 — L. 0.25.

Soga Dasoku (v. 1470).
Poésie par Ikkyu (1394-1481), prêtre plus célèbre par sa calligraphie que par sa
peinture qu'il a cependant étudiée sous la direction de Dasoku. Cette poésie confirme
l'attitude et l'apparence du personnage, qui ne peut être que Saigyo Hoshi, pélerin
passionné du Fuji. Voici le sens de la poésie :
D'ici se voit la toute première montagne du Japon. Peinture impossible à rendre que

l'apparence des saisons. Jusqu'au ciel elle s'élance dans la profondeur des brouillards et des nuées.

Signé Ikkyu. Sceau Ikkyu.

Peinture non signée.

Sceau.

PLANCHE XXIV.

Daruma.

Kakemono, papier, encre.

H. 0.58 1/2 — L. 0.33 1/2.

Attribué à Soga Chokuan (xvie siècle).

On lit sur le couvercle de la boîte que cette peinture a été retirée d'anciens papiers en l'automne 1818. Un certificat daté de l'automne 1847 et signé Katsuyama Takuyō déclare que sans aucun doute possible elle est l'œuvre de Soga Chokuan.

Non signé.

Sceau : Chokuan.

Voici ce que Ōoka Shumboku dit de Chokuan dans le Wakan Meihitsu : « Il y a un peintre du nom de Chokuan, on ignore son nom de famille. Dans quelques-uns de ses sceaux, on peut lire le nom de Soga. Était-il de la famille de Dasoku ? On le donne comme ayant été fauconnier, etc., etc. » Ce dessin de Daruma ne confirmerait-il pas ce que dit Shumboku ?

PLANCHE XXV.

Paysage.

Kakemono, papier, encre.

H. 0.30 1/2 — L. 0.68.

Attribué à Sōami (xve siècle).

On lit sur la boîte : Averses, poésie par le neuvième shōgun Yoshihiro ; paysage, par

Sôami. Inscription datée du 12ᵉ mois de la troisième année de Teikio (1686). Voici la poésie : « Au réveil, sous les ondées de l'aube rougissante, que de villageois trempés ». Signé : Yoshihiro. Le kakemono n'a pas de signature, mais il porte le sceau de Sôami.

Il s'agit des shōgun Ashikaga ; Sôami, peintre, poëte et professeur de la cérémonie de thé, était en grande faveur à la cour du huitième shōgun Yoshimasa (1435-1490). Mais je ne vois pas que le fils de celui-ci, qui fut le neuvième Shōgun, s'appelât Yoshihiro. Son nom n'était-il pas Yoshihisa ? (1465-1489).

Cela nous fait craindre une erreur d'histoire ou de critique de la part du possesseur de cette peinture quelques deux cents ans après. Yoshihisa.

Non signé.

Sceau.

PLANCHE XXVI.

Lune et nuages.

Kakemono, papier, encre.
H. 0.14 environ — L. 0.32.

Sesshu (1420-1506.)
Jeu de la lune et de la nuée, image de la fugitivité des apparences.
Signé : Sesshu.
Sceau : Tôyô.
La boîte porte le sceau de M. Kanetsumi Ijuin, premier préfet de Kyōto après la Restauration et considéré comme un amateur de Sesshu particulièrement compétent. Si, tout en m'excusant, je note cette particularité, c'est qu'il m'a été souvent donné de remarquer l'importance qu'au Japon on attachait à ce sceau.

PLANCHE XXVII.

Paysage.

Kakemono, papier, encre.
H. 0. 30 — L. 0.50.

Sesshu (1420-1506).
L'encre est d'un noir profond et chaud, comme teintée de sépia. Quelques Hollandais pourraient paraître curieusement apparentés à cette facture des arbres, et aussi de modernes impressionnistes.

Une partie du kakemono paraît avoir été l'objet d'une réparation, ancienne du reste. Il faut la chercher vers la pointe du tracé où se sont posées trois oies. Une certaine attention est nécessaire pour la déceler, le papier a été déchiré sur une assez grande hauteur et, devant les oies, un raccord semble avoir été fait.

Signé.

PLANCHE XXVIII.

Paysage.

Kakemono, papier, encre.
H. 0.50 1/2 — L. 0.19 1/2.

Sesshu (1420-1506).
Inutile de dire avec quelle aisance vigoureuse ce paysage a été peint, la reproduction la rendant fort bien. Un certificat est joint à cette peinture, mais l'aspect des encres, leur couleur et l'autorité du pinceau sont d'une expression suffisante.

Signé : Sesshu.
Sceau : Tōyō.
A été exposé à l'exposition rétrospective du printemps, Kyōto 1906.

PLANCHE XXIX.

Daruma et paysages.

Suite de trois Kakemonos, papier, encre.
H. 1.01 1/2 — L. 0.40.

Par Sesson (vers 1480-1560).
Au centre, Daruma, poésie sur la partie supérieure. A gauche et à droite, paysages.
Les tons de l'encre, qui pour Daruma s'atténueraient plutôt un peu, prennent dans les paysages une rare intensité et beauté de couleur.
Non signés.
Sceaux : Sesson.

PLANCHE XXX.

Martin-pêcheur sur un roseau.

Kakemono, papier, encre.
H. 0.25 — L. 0.36.

Unkei.
Le bonze Unkei du Kōya san.
Signé : Unkei.
Sceau : Eikei.

PLANCHE XXXI.

Héron dans les joncs.

Kakemono, soie, encre.
H. 0.46 1/2 — L. 0.67 1/2.

Settan.
Cette peinture est signée « Settan, le descendant de Sesshu », et suivie d'un sceau.

Je n'ai pu identifier ce Settan. Parmi les peintres de l'École de Sesshu, il y a bien un Settan. Mais cette peinture, séduisante et habile, me paraît d'une facture beaucoup plus récente. Si donc je l'ai placée à la suite de l'École dont son auteur se réclame, je ne puis affirmer l'avoir bien mise à sa date.

Sur le sceau on peut lire « Edokoro », qui est une fonction honorifique au bureau de la peinture qui date des Ashikaga. Cela indiquerait que cet artiste avait une réelle notoriété.

PLANCHE XXXII.

Paysage.

Kakemono, papier, encre.
H. 0.34 — L. 0.64.

Kano Motonobu (1477-1559).
Connu aussi sous le nom de Kohōgen. C'est ce nom qui est inscrit sur la boîte.
Certificat par Kano Tsunenobu.
Non signé.
Sceau : Motonobu.

PLANCHE XXXIII.

Kiosque et personnages parmi les pins.

Kakemono remonté sur cadre, papier, encre, rares et légers rehauts.
H. 0.8 environ — L. 0.21.

Attribué à Kano Motonobu (1477-1559).
L'étendue du spectacle dans la petitesse du cadre, la sûreté et l'ampleur de l'exécution me paraissent justifier l'attribution et bien valoir une signature.

PLANCHE XXXIV.

Moineaux sur tiges de millet et physalis.

Kakemono, papier, couleurs.
H. 0.51 — L. 0.35.

Kano Motonobu (1477-1559).

Les graines de millet jaunâtres, les tiges brun assez clair, les feuilles vert malachite assombri, les moineaux sous leurs couleurs bien connues, les physalis rougeâtres.

Les Motonobu en couleurs sont assez rares; grande est l'harmonie de celui-ci, et la reproduction permet d'apprécier l'heureuse ordonnance de la présentation.

Non signé.

Sceau.

Cette peinture a été exposée au Salon des arts retrospectifs de Kyōto, printemps 1910.

PLANCHE XXXV.

Reishojō.

Kakemono, papier, couleurs.
H. 0.77 — L. 0.28.

Le temps s'écoule, les attributs de Kwannon Reishojō restent les mêmes, mais les attitudes se modifient, les manières du jour prennent de l'influence, les types surtout varient. Ici le vêtement est ample et le beau mouvement du bras s'enveloppe dans de larges plis. Des épaules à la taille l'étoffe est rouge à revers bleu foncé, les plis se creusent sur un trait vert pour s'arrondir sous de légères hachures lumineuses. La ceinture rouge, la jupe d'un écru que le temps a accentué et les seuls bords d'une longue tunique vert malachite tombent en une bande étroite tout autour du corps, de l'un et l'autre côté.

L'œuvre est d'un Kano, de l'époque et de la manière de Kano Eitoku (1545-1592).

PLANCHE XXXVI.

Lune sur la neige. Paysage.

Kakemono, soie, encre.
H. 0.38 — L. 0.75.

Kano Tanyu (1602-1674).
Signé : Tanyusai.
Deux sceaux : Morinobu, Tanyu.

PLANCHE XXXVII.

Bœuf, Chevaux.

Suite de deux petits kakemonos, soie, encre.
H. 0.21 1/2 — L. 0.20.

Attribués à Kano Tanyu (1602-1674).
La boîte et son inscription sont fort anciennes. Qualité des encres et facture justifiant l'attribution.

PLANCHE XXXVIII.

Les quatre saisons.

Suite de quatre kakemonos, papier, encre, légères colorations sur deux d'entre eux.
H. 0.22 — L. 0.38.

Kano Sansetsu (1592-1654).
Des fleurs, des oiseaux, de la neige. Les saisons sont symbolisées par de la beauté. Une branche de prunier fleuri, un petit oiseau le bec ouvert, précisé d'une légère teinte

rougeâtre, ainsi que le mouvement d'une langue minuscule, et c'est le printemps. Iris pour l'été, chrysanthème pour l'automne. Une clôture, de la neige, un martin-pêcheur, poitrine légèrement colorée d'un rouge se dégradant, et les saisons sont révolues.

L'encre paraît avoir coulé du pinceau avec une aise amusée. Un certificat pour chaque peinture portant le cachet : Shinsai.

Signés : Sansetsu.

Proviennent du Higashi Hongwanji, vente du 17 juin 1909.

PLANCHE XXXIX.

Paysage.

Kakemono, papier, encre.
H. 0.28 — L. 0.51.

Kano Sansetsu.
Etroite collaboration, et réussie, du pinceau, de l'encre et du papier. Certificat par Shinsai.

Signé : Sansetsu.

Sceau : Sansetsu.

Provient du Higashi Hongwanji, vente du 29 juin 1909.

PLANCHE XL.

Paysage.

Kakemono, papier, encre.
H. 0.30 environ — L. 0.45 environ.

Kano Einō (XVIIe siècle).
Paysage achevé selon la formule classique et tracé d'une belle encre noire. Kano Einō, petit-fils de Sansetsu, a été un maître très suivi.

Non signé.

Sceau.

PLANCHE XLI.

Le prêtre Kisen.

Kakemono, papier, couleurs.
Diamètre 0.26 1/2.

Attribué à Kôetsu († 1637).

L'étoffe sur les nattes est vert malachite ; la partie supérieure du vêtement, blanc crémeux ; la partie juponnée, beige ; noir l'ornement sacerdotal suspendu à la poitrine et au dos. Vers le haut de la peinture, dans des poussières d'or, de délicats dessins d'or également : feuilles, fleurs, balustres.

Non signé.

Couleurs, dessin sont caractéristiques d'une manière de Kôetsu et aussi le sujet traité. L'attribution à cet artiste ne paraît pas contestable.

PLANCHE XLII.

Singe à longs bras.

Kakemono, papier, encre rehaussée d'or.
H. 0.88 — L. 0.36 1/2.

Tawaraya Sōtatsu (milieu XVIIe siècle).

Les branches de l'arbre prennent leur relief sous les curieuses coulées d'encre du pinceau de Sōtatsu qui inversement, usant du même procédé, en allège la masse des feuilles. De légers rehauts d'or.

Le singe se suspend, cherchant à saisir la lune qui doit se refléter dans une eau invisible. A sa place le peintre a mis son sceau.

PLANCHE XLIII.

Automne.

Suite de trois kakemonos, papiers, couleurs.
H. 1.13 — L. 0.40.

Par Tawaraya Sōtatsu (milieu XVIIᵉ siècle).

Au centre, vol d'oies sauvages sur le disque lunaire. A droite et à gauche, fleurs d'automne. D'aspect général, le corps des oies paraît brun cendré ; à le détailler, le dessin des plumes, d'un œil central noir, va en se dégradant et se borde de beige cendré ; les grandes plumes, des ailes et de la queue, mi-partie, passent d'un noir mat sombre à un noir gris clair. Le col ombré et duveteux, les becs jaunâtres terreux sur départ blanc. Des blancs ombrés pour le dessous des ailes et du corps. Pattes jaunâtres.

A gauche, les hagi (lespedeza bicolor) sont blancs et roses, les feuilles irrégulièrement teintées rougeâtres et sombres, plaquées de taches vert malachite, veinées d'or. Les fleurs jaunes de la valériane (ominameshi en japonais) et les beaux bleus du kikyō, campanule à grande fleur (platycodon grandiflorum), feuilles vert malachite.

A droite, sous les légers panaches verdâtres et jaunes du susuki, espèce de graminées (miscanthus sinensis), les gloires du matin à fleurs bleues étoilées de blanc, une petite fleur d'un rouge violacé, aqueux, sorte de trèfle, le fujibakama (eupatorium sinense) et une autre espèce de valériane à fleur blanche tirant sur le bleu.

Si la reproduction ne peut rendre l'harmonie et la variété des couleurs, elle montre cependant l'heureux arrangement des bouquets, tout l'ensemble décoratif.

La monture est ancienne et particulièrement soignée.

Un certificat de Yōsen in Korenobu daté du 6ᵉ jour du 4ᵉ mois de 1807.

Non signé.

Sceau : Koretoshi.

PLANCHE XLIV.

Fuji.

Kakemono, papier, encre.
H. 0.28 — L. 0 22 environ.

Ogata Kōrin. (1660-1716).
Dès l'abord Kōrin a pris son métier à toutes sources. Dans cette présentation de la montagne, il est encore sous l'influence des Kano, s'il y montre déjà une verve et une énergie bien personnelles.
Non signé.
Sceau : Koretomi.

PLANCHE XLIV.

Pins.

Kakemono soie, encre et couleurs.
H. 0.32 — L. 0.29 1/2.

Ogata Kōrin (1660-1716).
Le sommet des frondaisons lavé verdâtre assez clair avec de l'encre en bordure inférieure. Les troncs, brun sombre vers le haut, puis de divers tons fauves légèrement allumés d'or dans le milieu, semblent d'une seule coulée du pinceau. Un sol bleuâtre ; au pied des arbres, une petite plante verte à baies rouges, yabukoji, en japonais, sorte de houx.
Cette peinture a été exposée au musée de Kyōto en 1906.
Non signé.
Sceau Kōrin.

PLANCHE XLV.

Cerf et biche.

Kakemono, papier, couleurs.
H. 0.25 1.2 — L. 58 1/2.

Ogata Kōrin (1660-1716).
L'aquarelle en coulées plates ou en taches irisées vêt d'une belle robe de tons fauves cerf et biche. Le haut des cuisses culotté de blanc, quelques touches verdâtres et de l'or sur les mouvements du sol. Le rouge des feuilles de momiji (érable.)
Non signé.
Le sceau tracé au pinceau.

PLANCHE XLVI.

Masque de Tengu sur branche de Sakaki (eurya japonica).

Kakemono, papier, encre, couleur.
H. 0.30 1/2 — L. 0.40

Anciennement attribué à Ogata Kenzan (1663-1743).
Tengu : êtres fabuleux qui sont censés habiter les monts et les forêts, héros de nombreux contes populaires.
Sakaki : arbre sacré du shintoisme.
La pratique du pinceau est d'une verve singulière dans la rigueur de la branche, le flou des feuilles et le relief puissant du masque. Un ton brique en colore la face. En dépit de la maîtrise de cette facture et de la simplicité originale de la présentation et aussi du beau sceau apposé en bonne place, j'hésite à adopter l'ancienne attribution à Kenzan.
Non signé.
Sceau : Kenzan.

PLANCHE XLVII.

Paysage.

Kakemono, papier, encre.
H. 0.11 1/2 — L. 0.41.

Konoe Yorakuin.

Petit paysage d'été d'un heureux achèvement où une délicate sensation des valeurs s'est harmonieusement fixée. L'auteur était un kuge (noble de cour), personnage de l'entourage impérial. Il meurt vers 1736, âgé de 70 ans. Après sa mort, désigné sous nom de Yorakuin.

Non signé.

Sceau : Iehiro.

PLANCHE XLVIII.

Fuji.

Kakemono, soie, encre, légèrement coloré.
H. 0.30 environ. — L. 0.48.

Maruyama Ōkyo (1732-1795).

Le sommet du Fuji émerge des nuées levées d'une encre légère. Au ciel, vers le haut, une teinte de bleu à peine sensible.

Poésie par le kuge (noble de cour) Reizei dono Tamemurakyō. Sa calligraphie est particulière à la maison Reizei.

> Il n'y a pas de mot pour le rendre.
> L'élan du Fuji.
> Les gens de la Capitale Impériale
> Que pourraient-ils en dire ?

Un certificat pour la poésie et la peinture par Kosai.
Daté et signé : 8ᵉ mois de 1772, Ōkyo.
Sceau : Ōkyo.

PLANCHE XLIX.

Paysage.

Kakemono, soie, encre. Un peu de rouge.
H. 0.31 1/2 — L. 0.41 1/2.

Buzen.

Une fenêtre s'éclaire d'une lueur rougeâtre, c'est le crépuscule, heure chère à Buzen.
Comme dans tout paysage d'Extrême-Orient, des montagnes et de l'eau, mais l'aspect général, la présentation, la facture même sortent des conventions courantes. Déjà la connaissance de nombreux ouvrages européens s'est répandue un peu partout et surtout à Ōsaka où Buzen est né et où il est mort (1734-1806), et où maintenant encore il est plus particulièrement connu et estimé. Du reste il a été marin, d'autres disent pêcheur. Il a étudié la sculpture et, avec Tsukioka Settei, la peinture. Mais son originalité l'a toujours fait regarder comme un artiste hors des Écoles courantes. Il fut grand buveur, écrivit des vers chinois, mourut, pauvre et célibataire. Nom courant, Dōkan ; nom de famille, Sumie ; noms de plume, Shingetsu et Morosai.
Signé : Buzen.
Sceau.

PLANCHE L.

Fuji.

Kakemono, soie, encre, quelques couleurs.
H. 0.98 — L. 0. 49.

Tani Bunchō (1763-1840).
Le ruisseau, au premier plan, est légèrement bleuté. Les plantes sont vert sombre.

à panaches brun rougeâtre, jaunes et blancs. Ce ne sont donc que de petits détails qui sont colorés. Il est réservé à l'encre d'exprimer la grandeur du spectacle.

Sous le couvercle de la boîte on peut lire :

« En l'an 13 de Bunsei (1830), Satsuyemon en arrivant au Palais Shogunal reçut ceci du seigneur Mizuno, ci-devant o kashira, actuellement o soba (chambellan). »

Signé : Bunchō.

Sceau : Gagakusai no in.

PLANCHES LI-LII.

Vol de grues sur soleil levant.
Saut de carpe dans torrent.

Paire de paravents, papier, encre. Colorations sur l'un d'eux.
H. 1.55 — L. 1.64.

Kishi Ganryō (1798-1852). École de Ganku (Kyōto) dont Ganryō était le neveu.

Le disque du soleil et le sommet du crâne des grues colorés de rouge. Aux angles des paravents, des appliques de feuilles d'or à contours de nuage. Des semis irréguliers de paillettes et quelques frottis d'or dans les fonds.

L'un et l'autre paravents sont datés 1832 et signés : Kishi Ganryō.

Deux sceaux.

PLANCHE LIII.

Retour de Toba.

Kakemono, papier, encre relevée de légers frottis d'or.
H. 1.09 1/2 — L. 0.60 environ.

Kino Tōki (Hironari-Kōsei) (première moitié du XIXᵉ).

Toba, homme d'état et poète chinois, revient d'exil. C'est la scène classique de son retour tant de fois interprétée. Le peintre la commente en une poésie qu'il a tracée lui-même en lettres d'or : « Les nuages sont suspendus sur la montagne. La maison ! où « est-elle ? La neige comme un rempart empêche le cheval d'avancer. »

« Écriture et peinture du vieillard Tôki » a noté sous le couvercle, à la date de 1838, un des premiers possesseurs, Seisai Kôhan daisu.

Tôki, élève de Goshun, École de Shijô, s'est par la suite inspiré du peintre chinois Godôshi (Wou Tao-tseu).

Sceau : Hironari.

PLANCHE LIV.

Paysage sous la neige.

Kakemono, soie, encre, quelques colorations.
H. 1.38 — L. 0.59.

Bunrin († 1877).
Un léger ton brun rouge relève l'encre aux parois des maisons. Un peu de bleu sur le vêtement du personnage et aux guêtres.
Signé : Bunrin.
Sceau.

PLANCHE LV.

Marchande d'éventails.

Kakemono, papier, couleurs.
H. 0.85 — L. 0.31.

Kwanshi.
Les grandes boîtes sont brun rouge, du jaune pour les petites, un lien noir les réunit. La robe d'étoffe transparente est bleue à dessins blancs, la ceinture noire à raies de couleurs. Les dessous sont rouges, ainsi que la doublure du fichu de tête qui est

lui-même bleu et gris brun. Jambes guêtrées de blanc, pieds nus dans sandales jaune clair. Sur le fond gris de l'éventail, le portrait de l'acteur Danjurō.

Derrière le kakemono, sur le revers de la monture qui est ancienne, une note manuscrite ainsi conçue : « Beauté de l'époque Genroku (1688-1704), marchande d'éventails. Le dessin sur l'éventail représente le célèbre Saigyû, sans contredit prince des acteurs japonais, le premier du nom de Danjurō, au moment du fameux « Shibaraku », le meilleur d'entre ses meilleurs rôles. (Shibaraku : parole de théâtre, moment pathétique.) Œuvre peinte par Hasegawa Kwanshi. » Le nom n'a pu être trouvé dans aucun recueil de peintres ; nous devons le considérer, en dépit de la note de la monture qui lui donne, sous quelle autorité, nous l'ignorons, le nom de famille de Hasegawa, comme inconnu. Tel est du reste l'avis du critique de la revue japonaise « *Kokka* » qui a reproduit cette peinture dans son numéro d'avril 1914. Quoi qu'il en soit, l'œuvre est d'une réelle maîtrise, son style rappelant celui des Torii.

D'avril à fin mai 1906, le kakemono a été exposé au musée de Kyōto à l'occasion d'une exposition réunissant un ensemble d'œuvres caractéristiques des mœurs, modes et costumes à partir des Ashikaga, sous Hideyoshi et les Tokugawa. Elle est reproduite dans le catalogue de cette exposition.

Signé : Kwanshi fude.

Sceau.

PLANCHE LVI.

Figure de femme.

Kakemono, soie, couleurs.
H. 0.93 — L. 0.24 1/2.

Miyagawa Chōshun.

Sur des kimonos de dessous blancs, la robe est de brocard à fond rouge semé de groupes de pointillés ou plutôt de minuscules cercles blancs et d'une sorte de chaîne formée de figures hexagonales cernant un point central tantôt vert, tantôt jaune. Là-dessus s'appliquent d'autres dessins importants, variés et par leur composition et par leur ordre, certains sur champs bleus ou bruns, la plupart de leurs motifs sont en reliefs d'or, quelques feuilles aussi bleues ou vertes, des branchettes jaunâtres. Vers le bas de la robe, dans l'ébauche d'un cadre d'éventail, des frondaisons vertes de sapin s'échappent des ors. Tous ces ors sont compacts, puissants, gaufrés. La ceinture est verte ; par-dessus, la cachant en grande partie et glissant des épaules, une longue robe de cérémonie, blanche à grands dessins au trait noir de scènes classiques à la manière des Tosa. Doublure vert bleu sombre apparaissant à la manche et s'étalant aux larges revers que la main soutient et la marche écarte. Les pieds sont nus ; à l'extrémité des ongles, un mince trait rouge.

Signé : Nihon e Miyagawa Chōshun.

     Le peintre japonais Miyagawa Chōshun.

Sceau.

Miyagawa Chōshun a d'abord suivi l'enseignement des Tosa, puis a subi l'influence des Kano et celle de Moronobu avec lequel il a sans doute travaillé, mais il n'a produit ni estampes, ni livres. Devenu lui-même chef d'école à Edo, ses élèves ont suivi son exemple, sauf Kwaigetsudō. Il a toujours été considéré comme ayant respecté son pinceau et n'a pas connu auprès des amateurs l'ostracisme qui écartait les peintres de l'École populaire. Connu déjà vers 1700, l'époque de sa pleine production et renommée est Kiōho : 1716-1735.

PLANCHE LVII.

Figure de femme.

Kakemono, papier, encre et couleurs.
H. 1.01 — L. 0.35.

La coiffure est à la manière des jeunes filles, les pieds sont nus. Le vêtement dans sa partie supérieure est d'un beau noir, intense, comme laqué, l'inférieur étant blanc ivoirin. L'étoffe est décorée de grandes herbes fleuries appelées ominameshi en japonais, la valériane, les fleurs étant d'un jaune verdâtre, les tiges vertes, les feuilles rougeâtres. Ceinture lâche vert olive, coupée de brun. Une des robes de dessous est noire, mais d'un noir moins sombre que celui du vêtement; des doublures rouges apparaissent aux extrémités. Un ensemble choisi, mais simple, très sobre, d'où se dégage un très curieux charme de couleurs. L'exécution doit être placée au début du xviiie siècle ; il est moins aisé de préciser une attribution ; néanmoins le style s'apparente à celui de Moronobu.

PLANCHE LVIII.

Le retour : Geisha et serviteur.

Kakemono, soie, couleurs.
H. 0.98 — L. 0.40.

Koriusai.

C'est l'été, les branches du saule ont leur verdure. Deux geisha, revenant de quelque fête, traversent un pont avec leur porteur de boîtes. L'une d'elle a mal supporté le sake ; sa compagne plus raisonnable, plus experte peut-être, la dirige, la soutient et de la main qui a pris le poignet et du bras passé derrière l'épaule. Le serviteur la pousse doucement. Sa robe de dessus, gris fer sombre à fines rayures géminées blanches, a glissé des épaules, découvrant une seconde robe rouge à dessins de petits chrysanthèmes blancs ; deux robes encore dépassent vers l'encolure, l'une, à peine visible, rouge aussi, l'autre grise autour du cou qu'elle dégage. Large obi (ceinture) noir à deux bandes dessinées de motifs stylisés blancs ; entre elles, deux minces filets rouges. La petite ceinture de taille blanche à fleurs rouges et blanches a glissé sous la grande et la dépasse.

L'autre geisha est vêtue de gris bleu sous quadrillage plus foncé. Large obi rouge à dessins de fleurs plus claires dans encadrement. Robe de dessous rouge à dessins blancs. Vers le cou, des gris. Les deux geisha ont leurs socques laqués noir.

Le serviteur : Robe grise bleutée, quadrillée bleue, petite ceinture noire. Les boîtes, qui contiennent les instruments de musique, sont enveloppées d'une toile de coton bleue.

Signé : Hokkyō Koriusai.

Sceau.

Par la taille des femmes, on peut assez bien préciser la date de cette peinture et la placer vers 1772-1773 ; or, entre 1760 et 1780, Koriusai était en pleine activité, c'est la période de ses meilleures productions d'estampes auxquelles il parait bien que l'artiste ne donnait pas plus d'importance qu'à sa peinture même, si nous en croyons son souci dans cette composition, le choix des couleurs et l'application du pinceau.

PLANCHE LIX.

Figure de femme en robe de nuit.

Kakemono, soie, couleurs.
H. 0.84 — L. 0.28.

Chōbunsai Eishi (fin du xviiie siècle).
Chevelure sombre, grandes épingles jaunes, le rouge d'un ruban. Les chairs éclaircies de gouache, la robe blanche, de même ton que le fond, à dessins dorés, le corps en étant vert tendre uni. Les dessous rouges. Rouges aussi les futon (sorte de matelas ouaté servant de couche) que protége un paravent dont on n'aperçoit que l'extrémité peinte à l'encre d'un bout de paysage et de deux oies sauvages. Sur les futon, un pli de feuilles de papier et leur enveloppe.
Signé : Chōbunsai Eishi.
Sceau.

PLANCHE LX.

Courtisane, Kamuro (suivante) et serviteur

Kakemono, soie. encre et couleurs.
H. 0.37 1/2 — L. 0.45 1/2.

Chōbunsai Eishi (fin du xviiie siècle).
Sous le vaste parapluie qui l'abrite de la neige, une courtisane est à moitié cachée ainsi que le serviteur qui le porte. A côté d'elle, une jeune suivante qui se protége elle-même. Entre l'inclinaison des deux parapluies, son visage apparaît à la coiffure haute et ornée. Les parapluies sont tracés à l'encre ; à l'encre aussi les traits qui des-

sinent le serviteur et la lanterne du chemin. Groupe bien en marche ; chacun a relevé ou relève son vêtement comme son ampleur le commande et la convenance des conditions. Au centre, la robe est de brocart à fond rouge ; les mouvements de l'étoffe, teintée d'or aux parties lumineuses, étalent le dessin d'une grande roue que mord vers le haut une fleur assez petite, également d'or pâle, dont les feuilles et volutes vont se perdre dans les plis. Quelques pétales ou feuilles presque noires. Dessous grisâtres, légèrement violacés, verdâtres, blancs, très fins, un retroussis d'un bleu plus accentué. La suivante est vêtue de gris échauffé de violet, les dessous rouges apparaissent au mouvement des longues manches, aux échancrures du vêtement.

A parfaire l'agrément et l'esprit du spectacle concordent heureusement dessin et couleur, l'aisance du pinceau et sa légèreté, la finesse et la sobriété des tons.

Signé : Jibu no kyo Eishi Fujiwara no kitomi no fude.

Sceau.

PLANCHE LXI.

Jeu de la balle au pied.

Kakemono, papier, encre.
H. 0.56 1/2 — L. 0.24.

Kitao Keisai Masayoshi (meurt en 1824).

Jeune seigneur, « Kuge » sans doute, noble de cour, jouant à la balle au pied. Jeu essentiellement aristocratique.

Œuvre très caractéristique de la manière libre et un peu caricaturale de Masayoshi.

Signé : Jōshin

Sceau : Jōshin.

Monture soignée, soie blanche brodée d'éventails. Ce n'est pas sans quelque intention amusée que l'amateur japonais qui l'a choisie a tenu à ce que des éventails soient disposés autour de la représentation d'un jeu mouvementé.

PLANCHE LXII.

Tayu dansant.

Kakemono, soie, encre et couleurs.
H. 0.48 — L. 0.23 1/2.

Kitao Keisai Masayoshi († 1824).
Tête haut coiffée, main effilée, pied nu ; le corps tout entier est entraîné dans la verve du mouvement lancé d'un pinceau dont la vigueur et la qualité s'apparentent aux plus anciens maîtres et meilleurs peintres classiques. La robe de dessus se colore vers le haut d'un ton pêche qui va se dégradant pour être coupé de deux larges bandes légèrement plus sombres que le fond à dessins de barques teintées d'or.
Signé : Jôshin.
Sceau : Jôshin.

PLANCHE LXIII.

Jeune femme sortant du bain.

Kakemono, papier, couleurs.
H. 1.16 — L. 0.32.

Seitoku (fin XVIIIe, commencement XIXe siècle).
Chevelure abondante, très noire, haut relevé par une grande épingle. Serviette aux dents, dont le laquage apparaît sous la lèvre rouge. Au poignet pend le sachet de son, d'un ton passé tournant au rose. La chaleur du bain a teinté les chairs. Le peignoir glisse sur les épaules, il est vert virant au jaunâtre aux lumières, à dessins de fleurs de cerisier, les unes blanches, les autres plus sombres que le vêtement. Plis légèrement soulignés d'or.

8

Le réalisme de cette figure et l'accent personnel qui la distingue est assez rare dans la peinture japonaise même populaire, mais très caractéristique de la manière de Seitoku. Peintre de l'École populaire (fin XVIIIe siècle et commencement XIXe), il a vécu à Kyōto. Aussi le désigne-t-on généralement sous le nom de Seitoku de Kyōto.

Cette peinture est dans son état primitif, elle n'a jamais été remontée. La monture papier vert date de l'origine.

Daté et signé : Automne 1815, Seitoku âgé de 60 ans accomplis.

Sceaux.

PLANCHE LXIV.

Chrysanthèmes.
Vieillard vendeur de Chāsen.

Deux feuilles d'éventail montées en un kakemono, peintures sur papier, encre et couleurs.
Chaque feuille dans sa plus grande largeur a environ 0.47 — Hauteur 0.18.

Hokusai (1760-1848).

Plus solide que le papier d'usage courant en peinture, et de surface brillante, le papier pour éventail reçoit différemment l'aquarelle, ses réactions sont différentes. Le rendu de ces deux petits dessins n'a pas dû déplaire à leur auteur tant ils donnent ce qu'il a coutume de réclamer de son pinceau : netteté un peu méticuleuse du détail, originalité de présentation dans la plus coutumière simplicité et, par surcroît, agrément de couleur.

Chrysanthèmes : D'un centre rosé, je ne saurais dire quels tons s'irradient dans la touffe des pétales. De l'encre surtout, claire plus et moins, un peu de jaune aussi, et la fleur se colore, vibre et s'épanouit. Aux nervures des feuilles, le vert s'applique sur les éclairages de leur mouvement, mais bien fondu, un beau vert de feuille saine soutenu et franc, plutôt sombre. De l'encre pour les tiges. L'insecte vibrionne; au corps, quelques points jaunes, jaune le haut du corselet, un peu de bleu clair à la tête.

Le vieillard : A terre, emmanché d'un bâton, un petit bottillon de paille où sont fichés des Chāsen (petits balais à faire mousser le thé). Par devant, le vieillard accroupi se repose. A son bonnet, un bleu léger ; même teinte aux jambes guêtrées. Un léger coloris, dont la tendance rosée s'accentue peut-être un peu plus au visage, réchauffe aussi les étoffes qui le couvrent, sauf celle de dessus qui enveloppe les épaules de noir plus ou moins foncé et tombe sur le côté.

L'un et l'autre de ces dessins sont signés Hokusai aratame Tameichi.

La signature Tameichi indiquerait que ces deux peintures sont postérieures à 1820. Sceaux.

TABLE DES PLANCHES

TABLE DES MATIÈRES

ACHEVÉ D'IMPRIMER LE VINGT-DEUX AOÛT MIL NEUF
CENT VINGT-NEUF PAR L'IMPRIMERIE PROTAT FRÈRES
A MACON, POUR LES ÉDITIONS G. VAN OEST A
PARIS ET BRUXELLES. PLANCHES HORS TEXTE EN
HÉLIOTYPIE DE L. MAROTTE A PARIS.

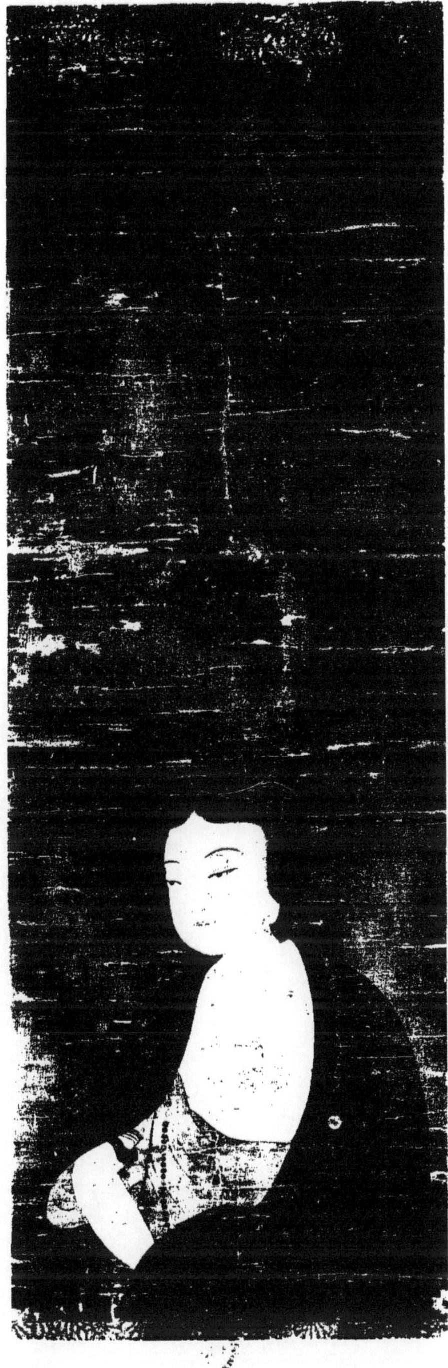

KWANNON
Anciennement attribué à Riryomin
Li Long-mien (✝1106)
Chine

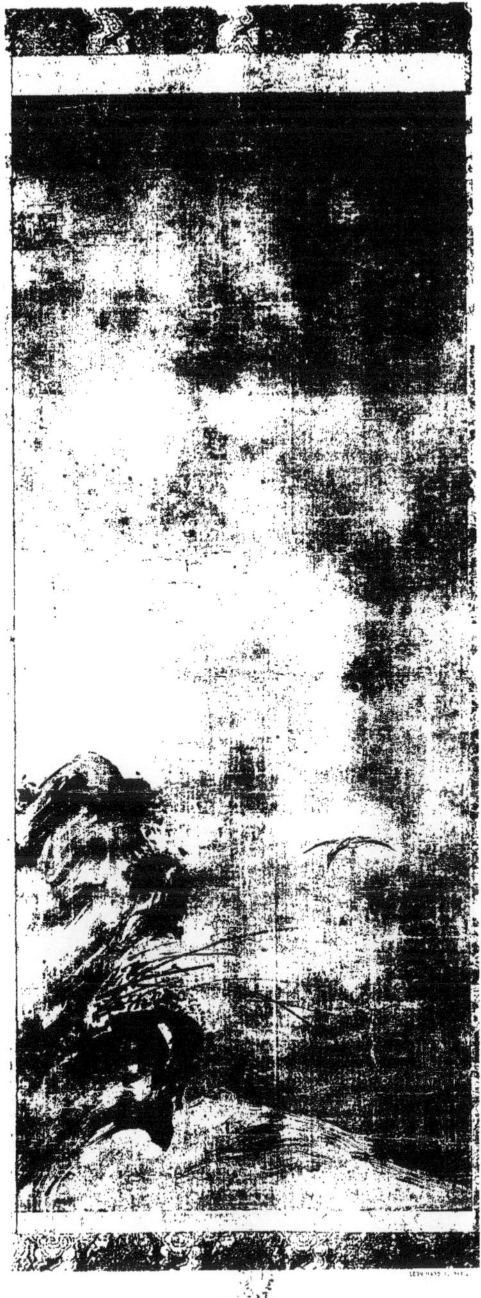

HÉRONS
Anciennement attribué à Kakei
Hia Koueï, Ep. Song, vers 1200
Chine

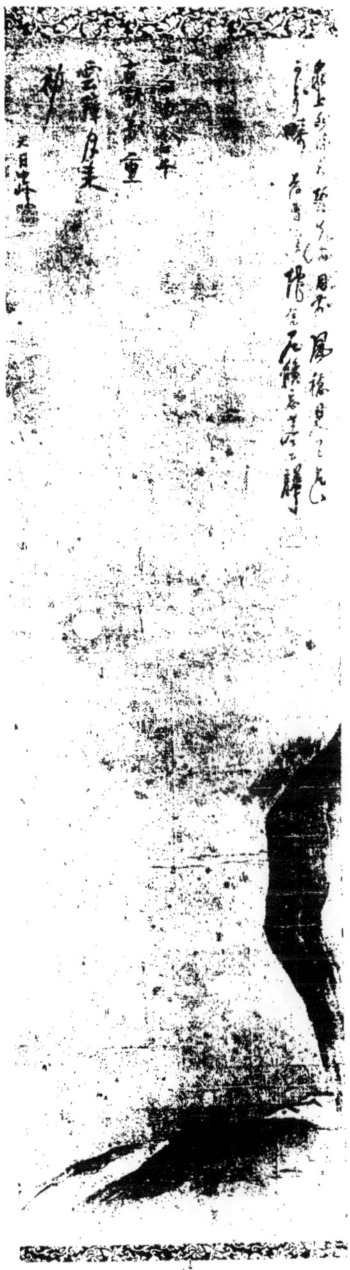

PAYSAGE SOUS LA LUNE
Gyokkan
Yu-kien. Ep. Song
Chine

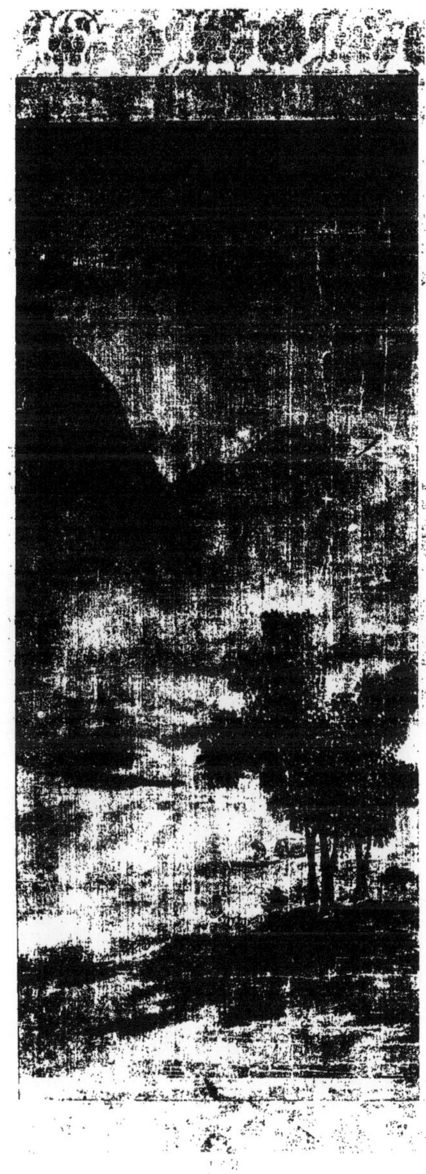

PAYSAGE
xiiie siècle
Chine

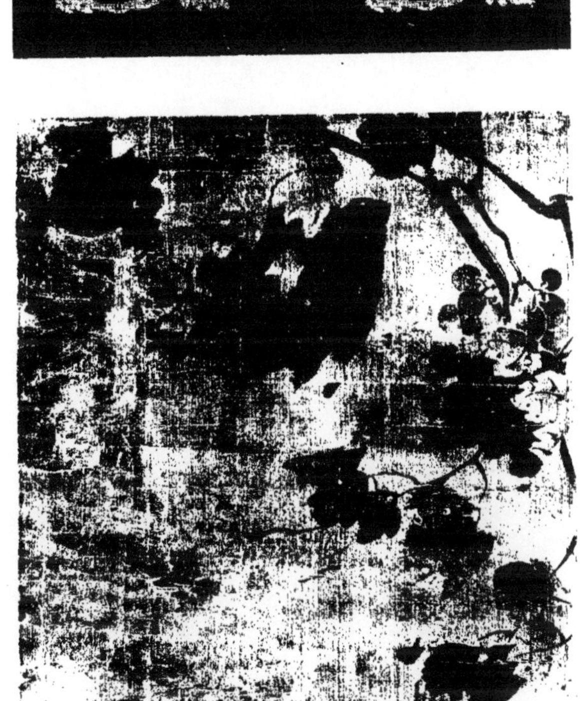

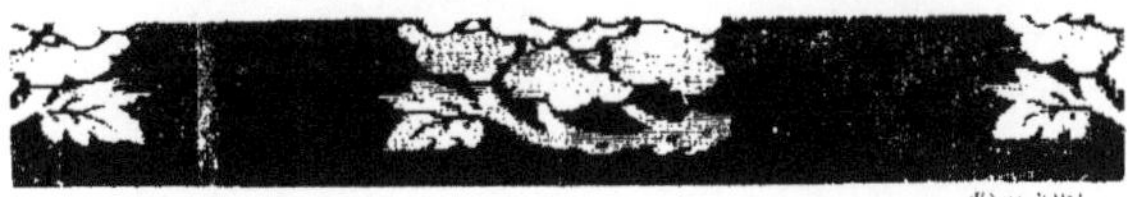

BRANCHE DE VIGNE ET RAISINS
Anciennement attribué à Nikkwan
Jo-kouan, Ep. Song
Chine

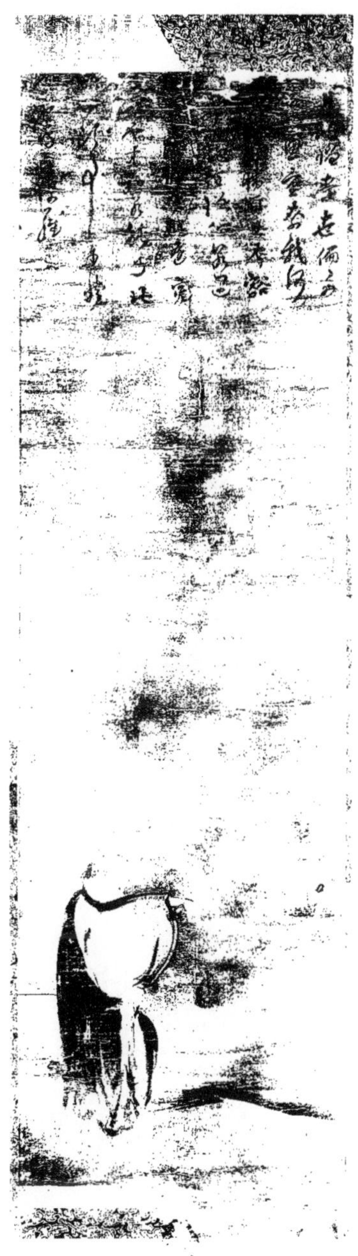

LE SENNIN KENSHI
Attribué à Sesso
Hiue-tch'ouang, Ep. Youan (1260-1368)
Chine

PAVILLON SOUS LES BAMBOUS
Anciennement attribué à Sen Kuntaka
Song, Kin-tch'a, Ep. You-en
Chine

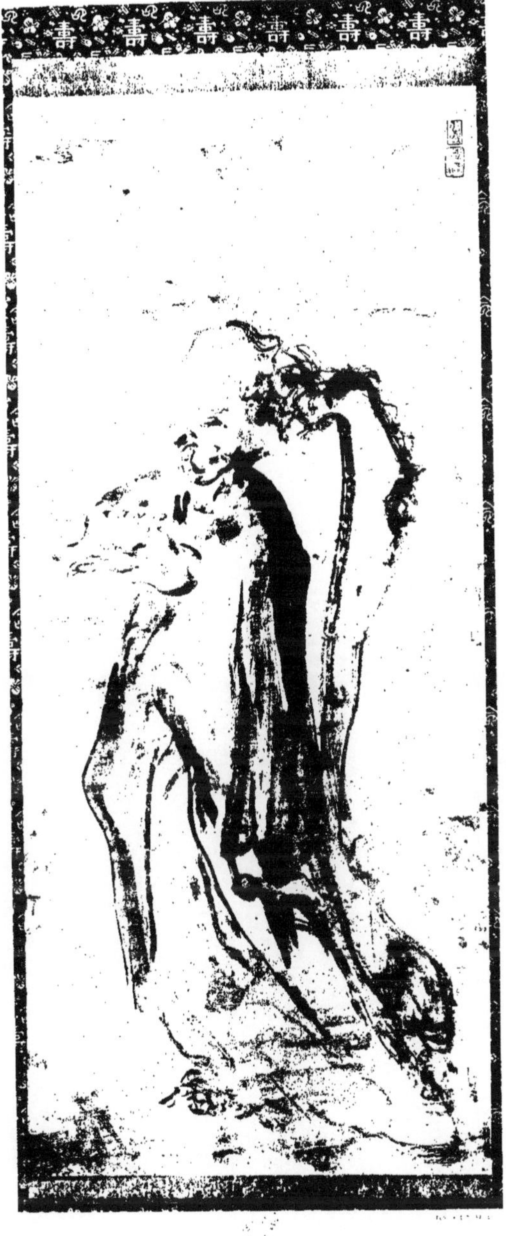

GAMA SENNIN
Ep. Yuan.
Chine

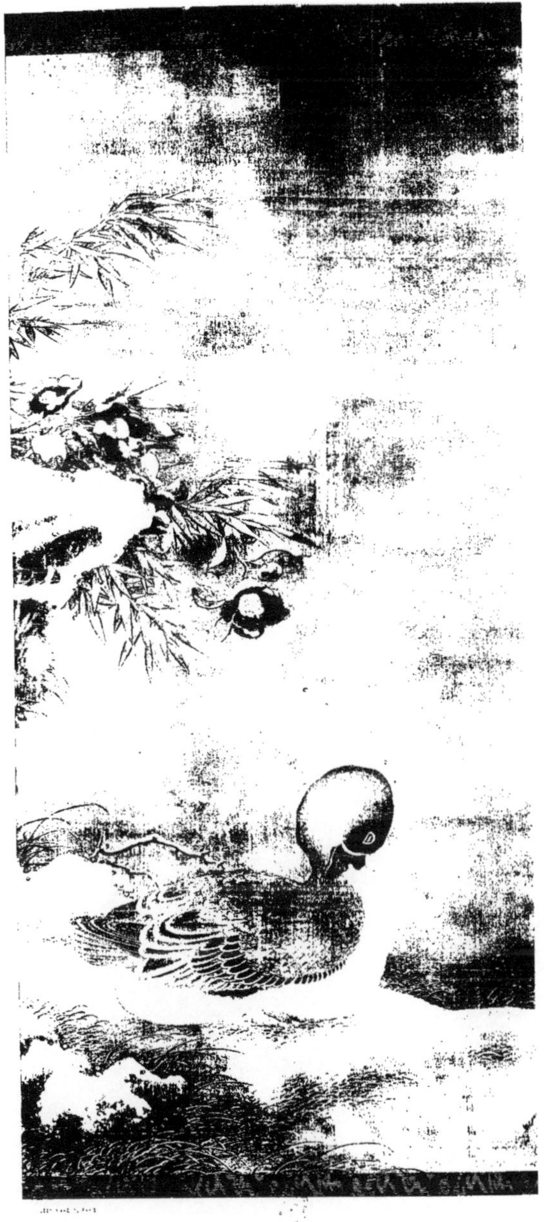

CAMELLIA SOUS LA NEIGE ET OIE SAUVAGE
Attribué à Rōki
Tableau, Ép. Ming
Chine

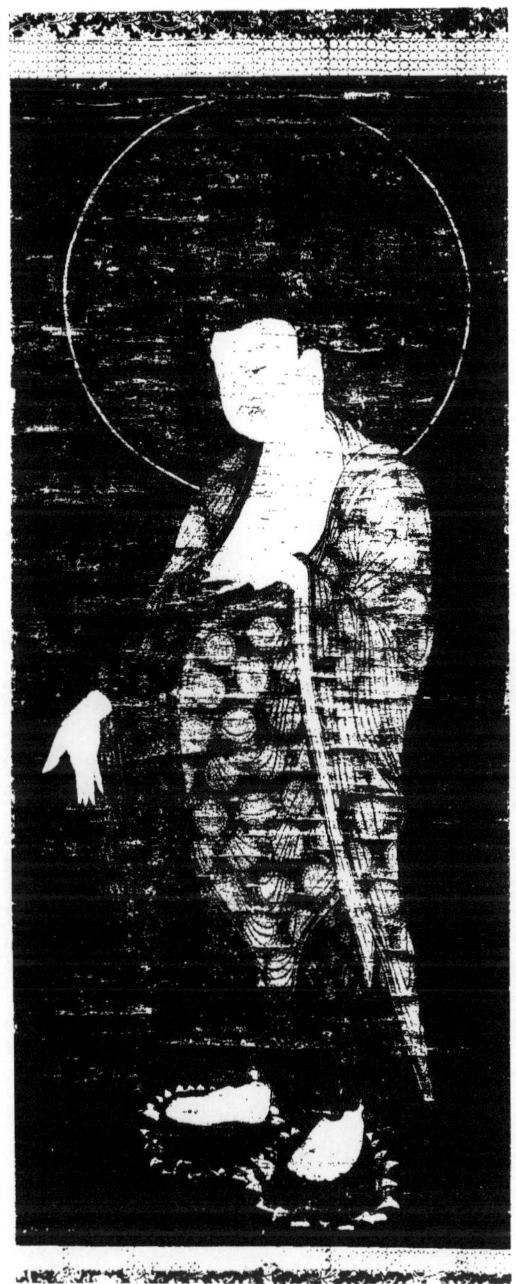

SHAKA
IXᵉ siècle
Corée

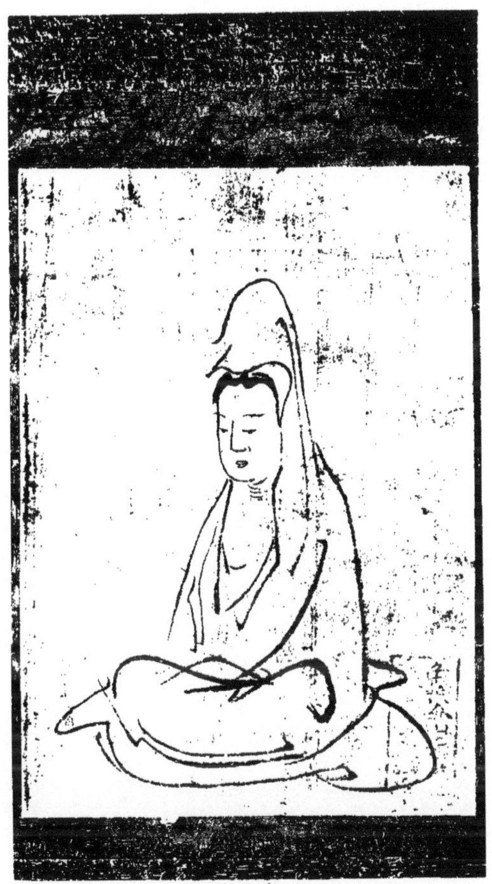

SANETOMO-KO NIKAWA KWANNON
Sainte moine, shogun de Kamakura (12 siècle)

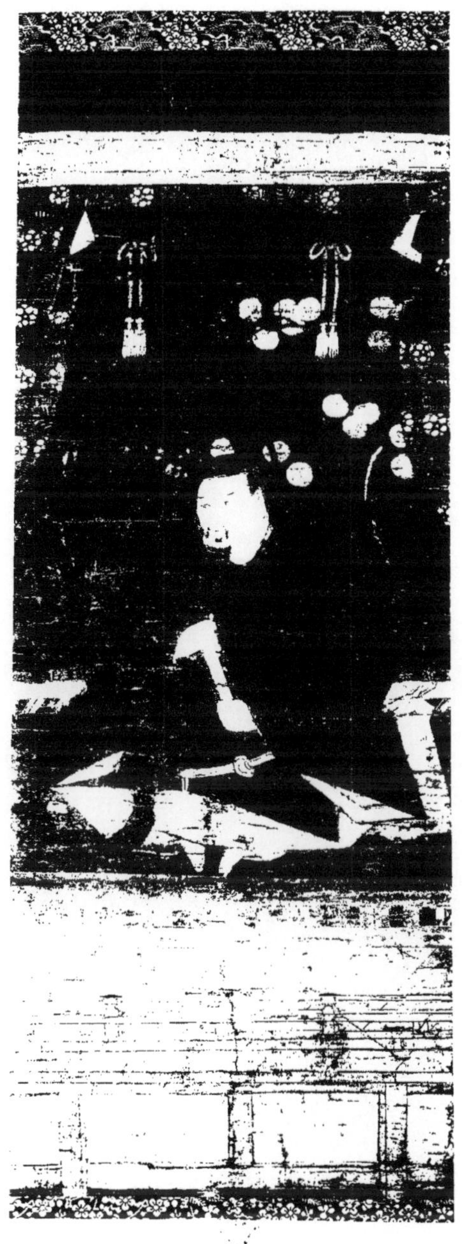

SUGAWARA MICHIZANE
Attribué à Tosa Tsunetaka (vers 1240)
Japon

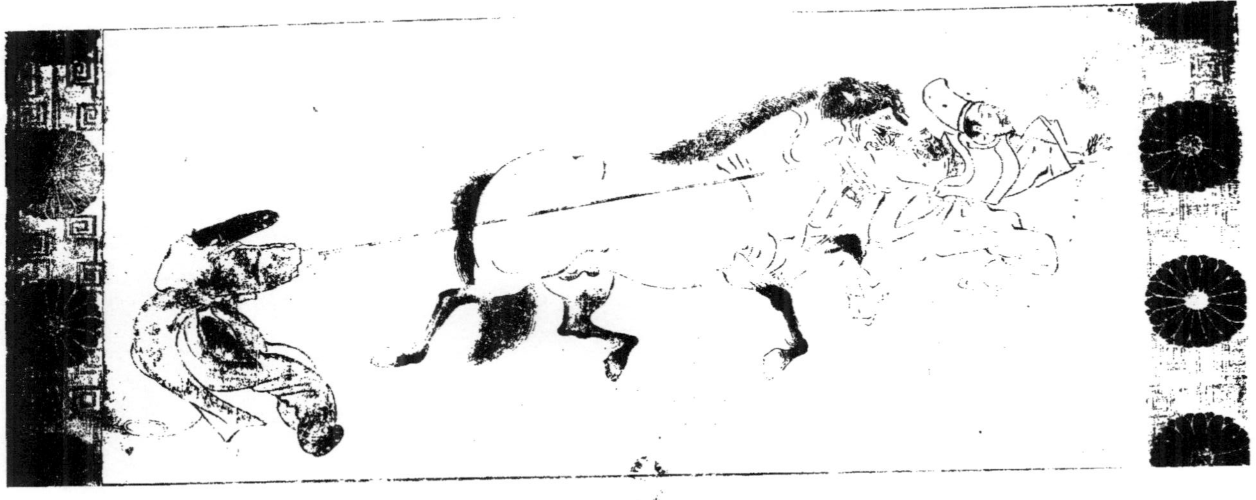

ÉCUYERS DU PALAIS MAÎTRISANT UN CHEVAL
Anciennement attribué à Nobuzane
début ép. Kamakura (1192-1333)
Japon

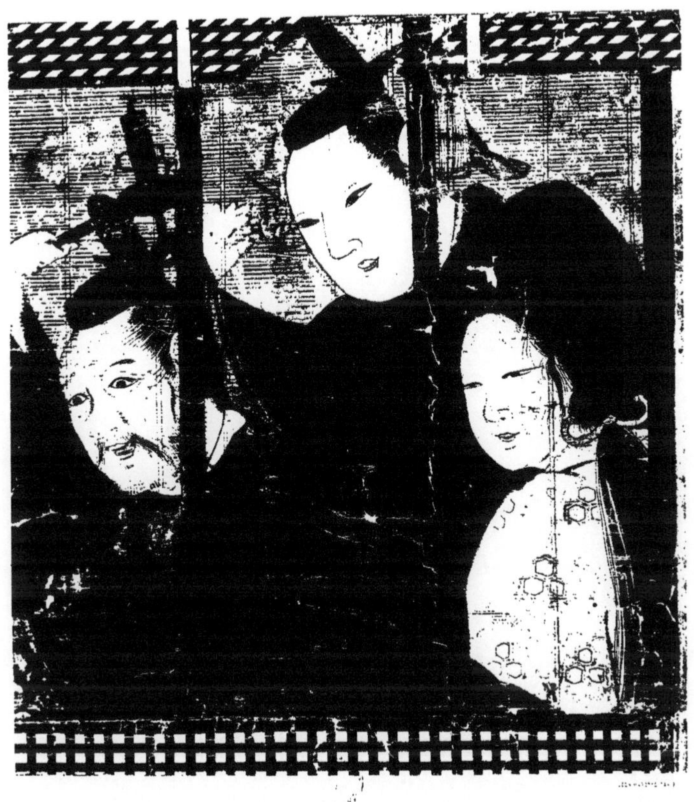

AU SPECTACLE ... DES STORE

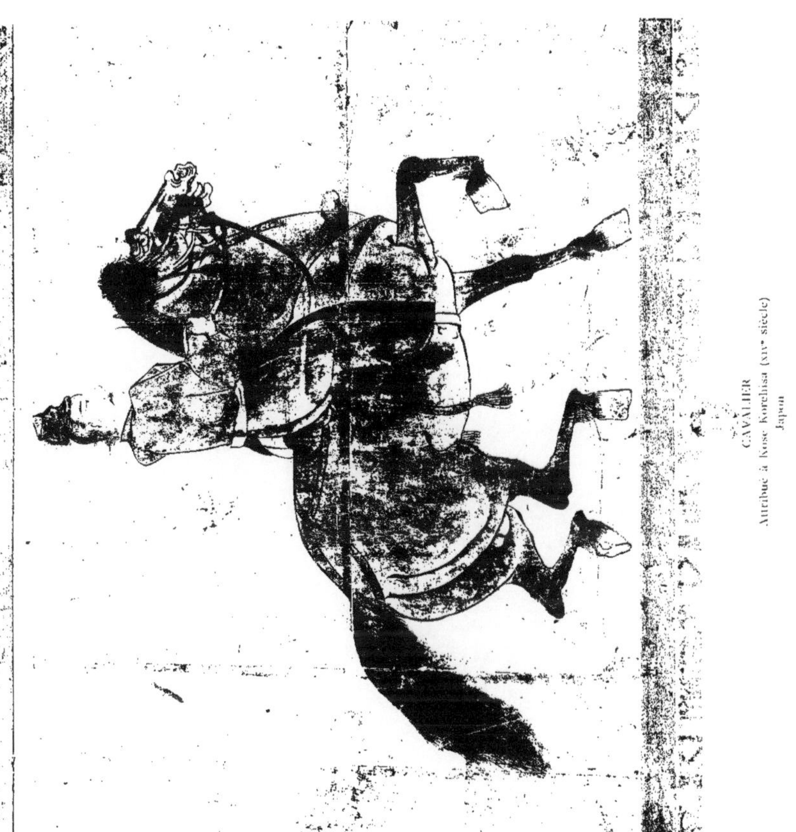

CAVALIER

Attribué à Kose Korehisa (xive siècle)

Japon

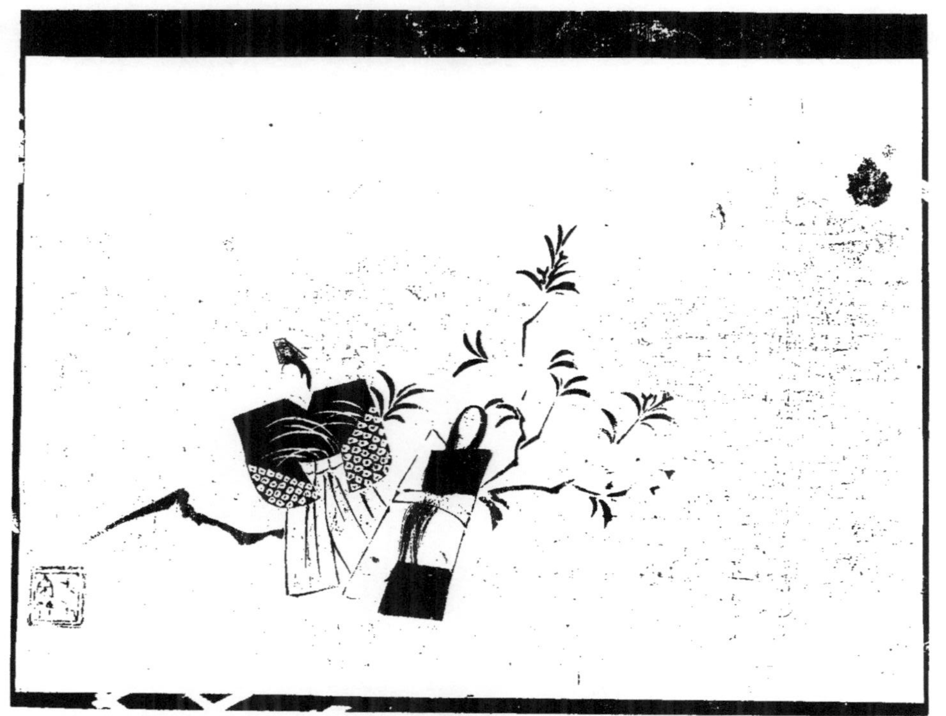

O HINA SAMA ET BRANCHE DE PÊCHER BLANC
Tosa Mitsunobu 1442-1525
Japon

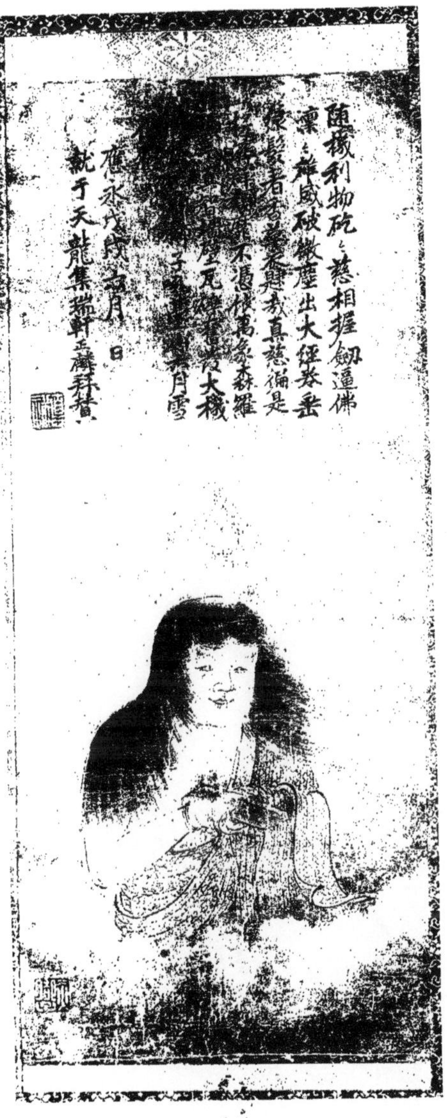

NAVA MONJU
Chôdensu (1352-1431)
Japon

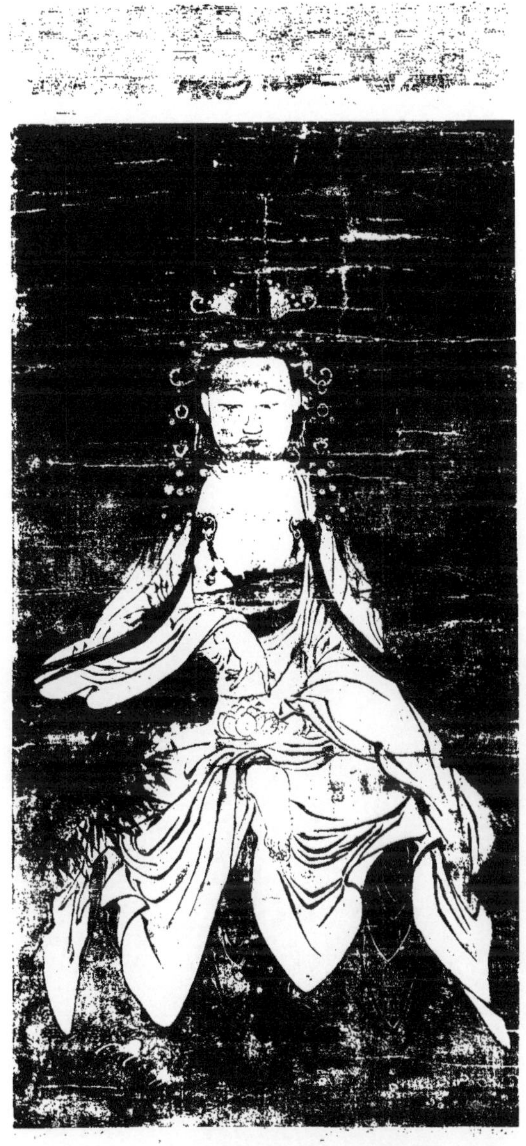

KWANNON
Anciennement attribué à (Chôdensu 1352-1431)
Japon

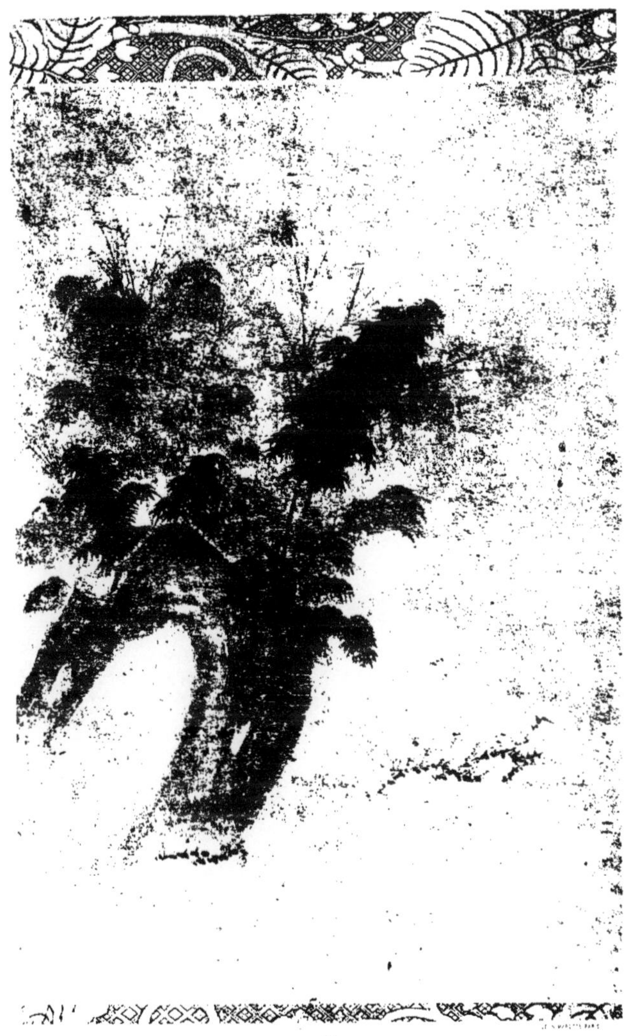

BAMBOUS SOUS LA BRISE
Anciennement attribué à Gyokuyenshi (†1420)
Japon

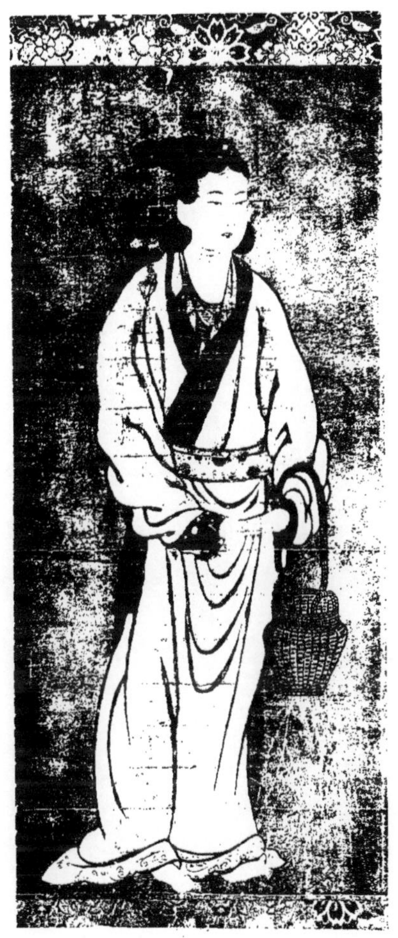

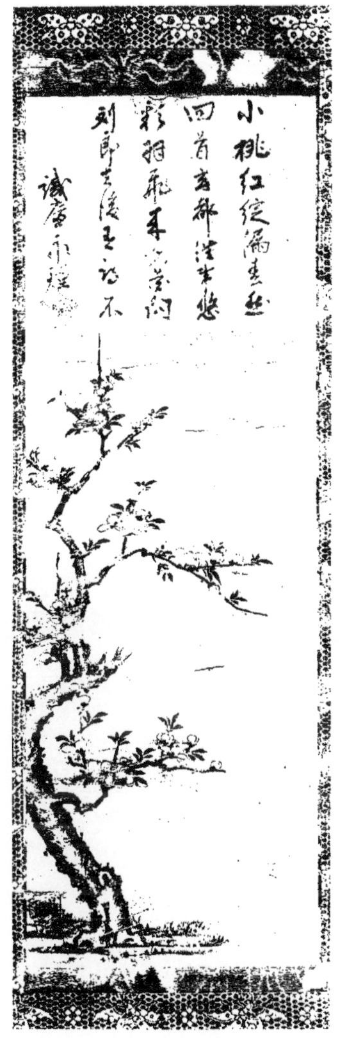

PÊCHER EN FLEURS
Sega Dasoku vers 1470
Japon

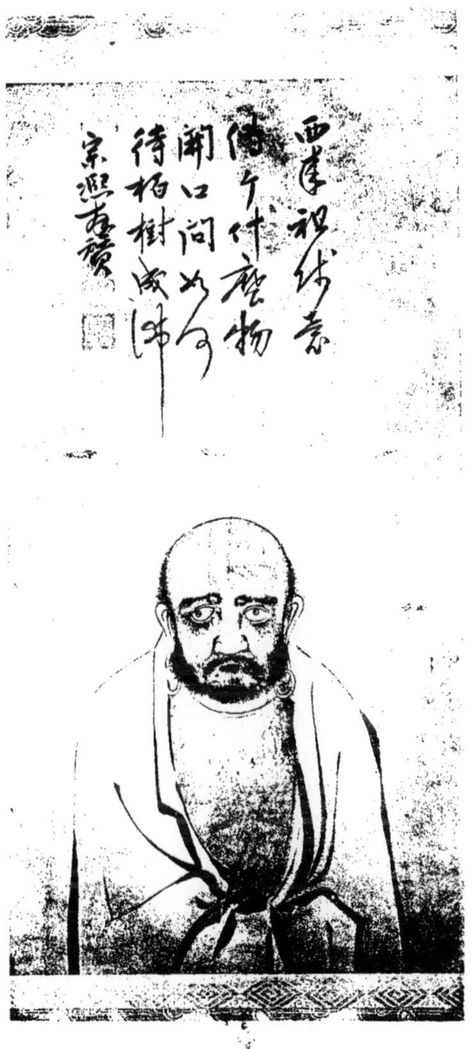

DARUMA
Attribué à Soga Dasoku, vers 1470
Japon

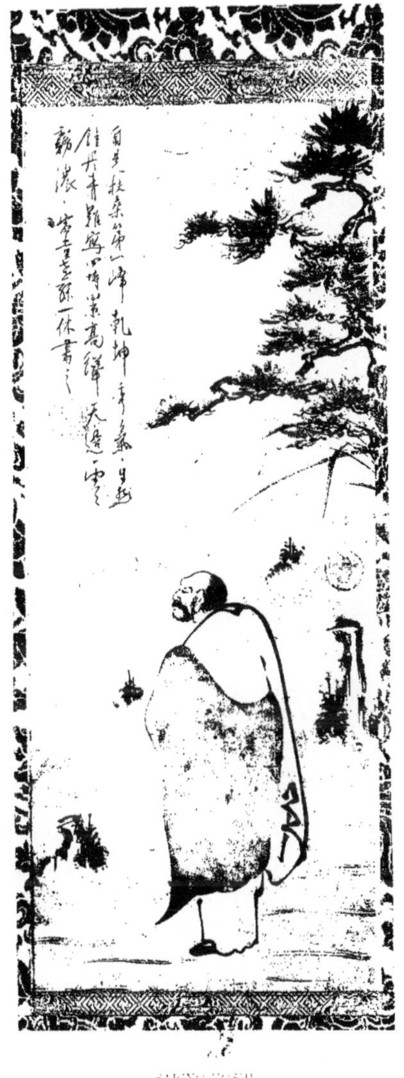

SAIGYŌ MŌSHI

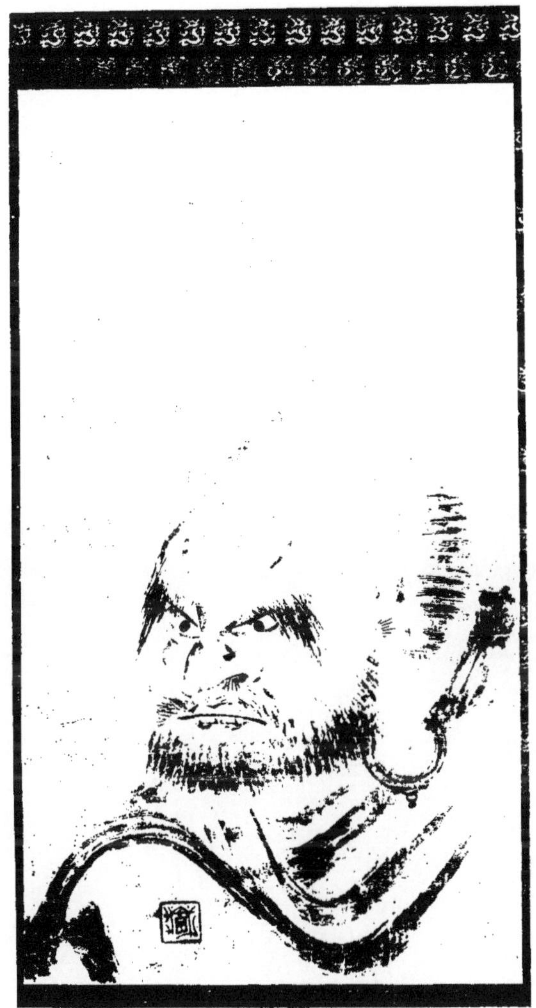

DARUMA

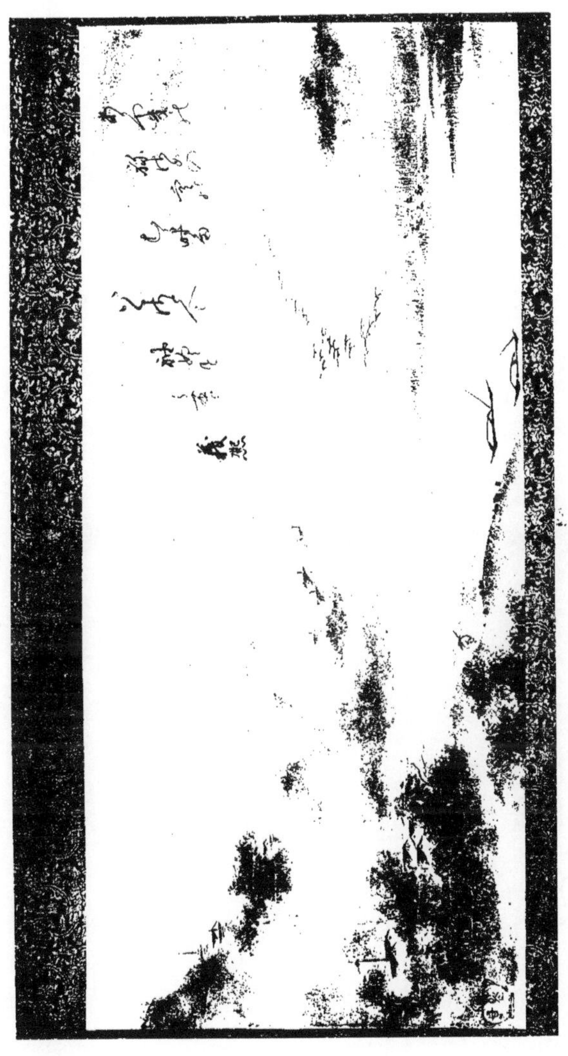

PAYSAGE

Attribué à Sôami (XVe siècle)

Japon

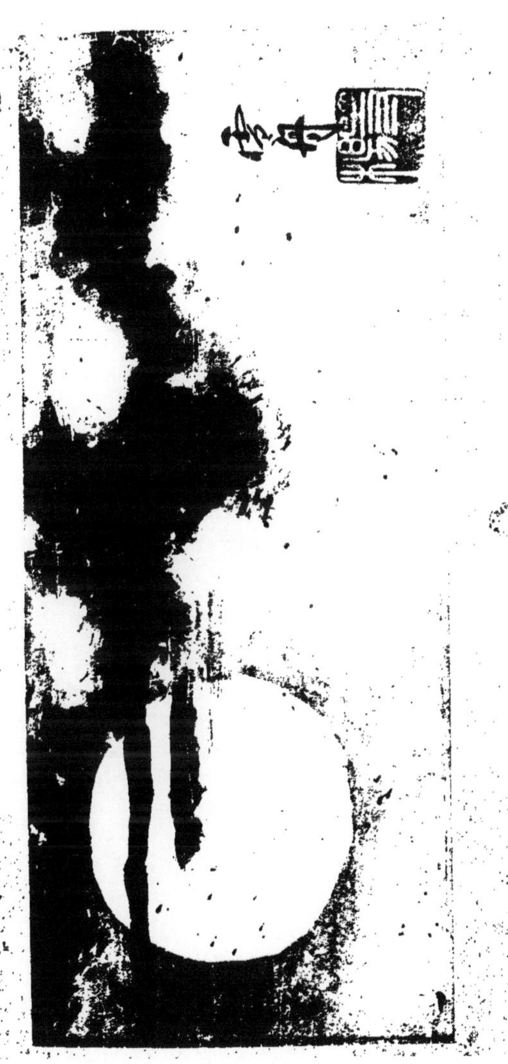

LUNE ET NUAGE
Sesshu (1420-1506)
Japon

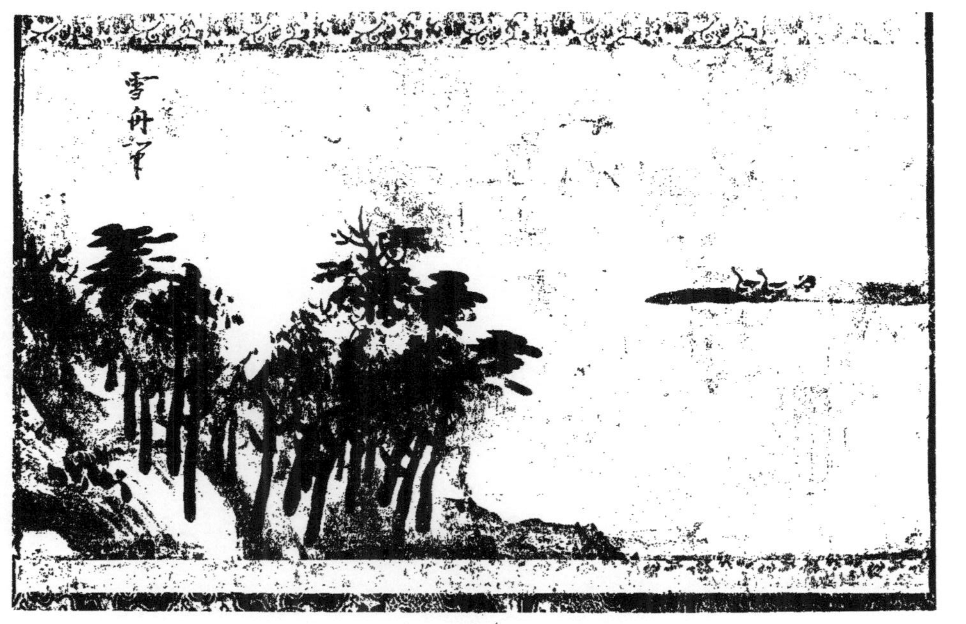

PAYSAGE
Sesshiu (1420-1506)
Japon

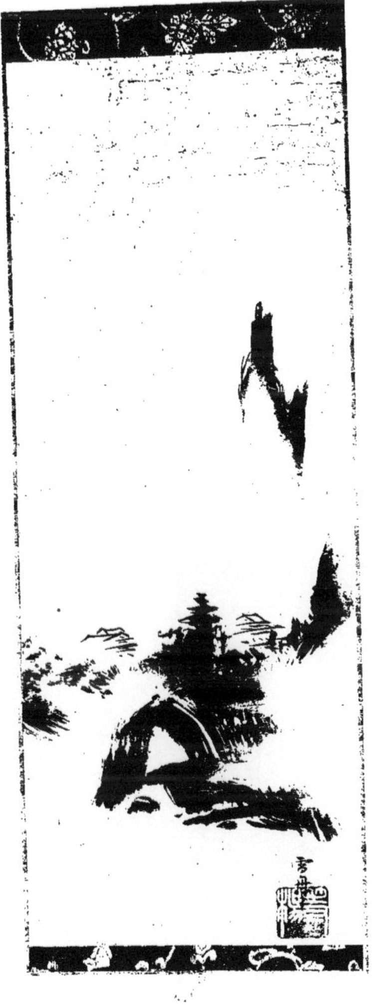

PAYSAGE
Sesshū (1420-1506)
Lu 52

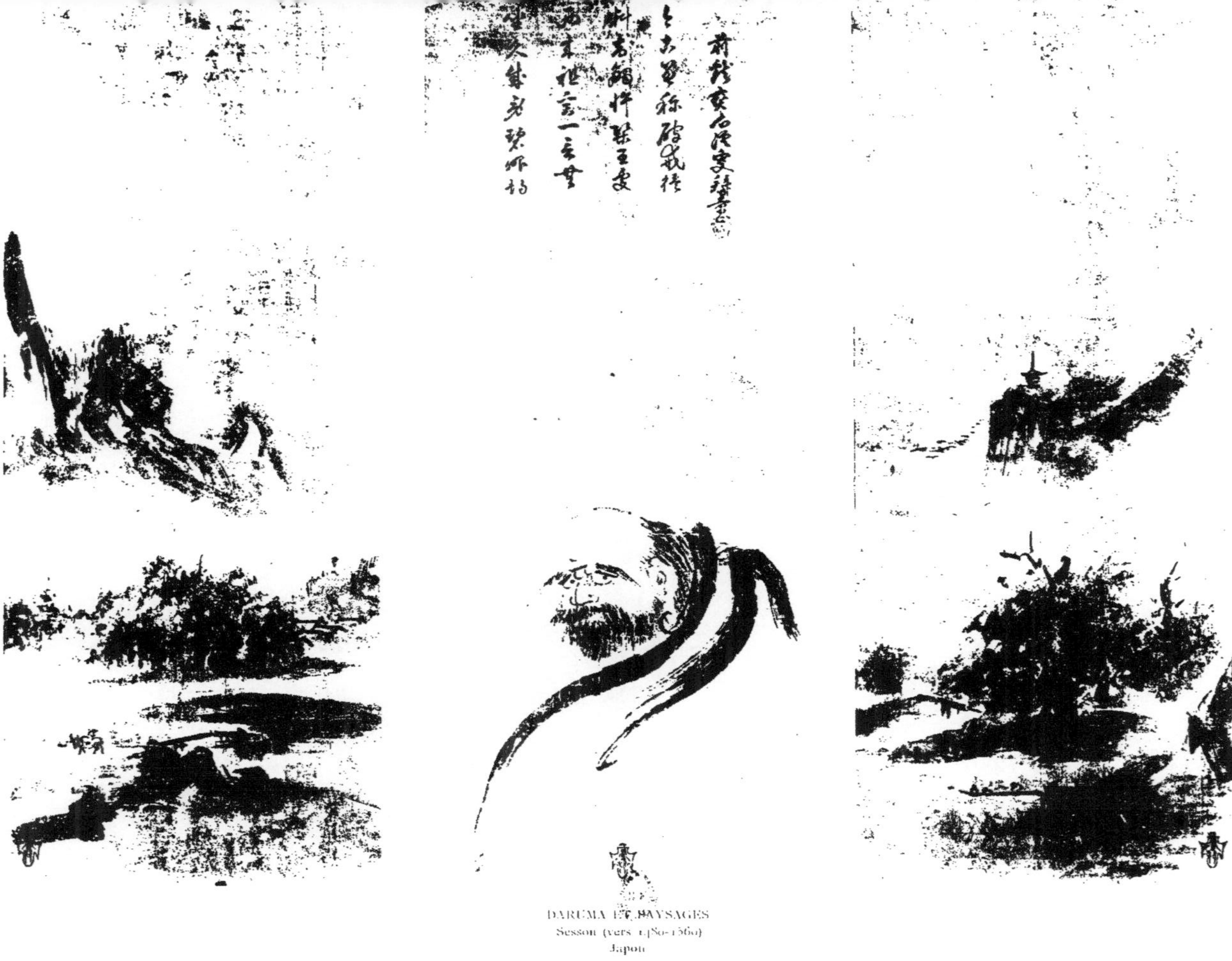

DARUMA ET PAYSAGES
Sesson (vers 1480-1560)
Japon

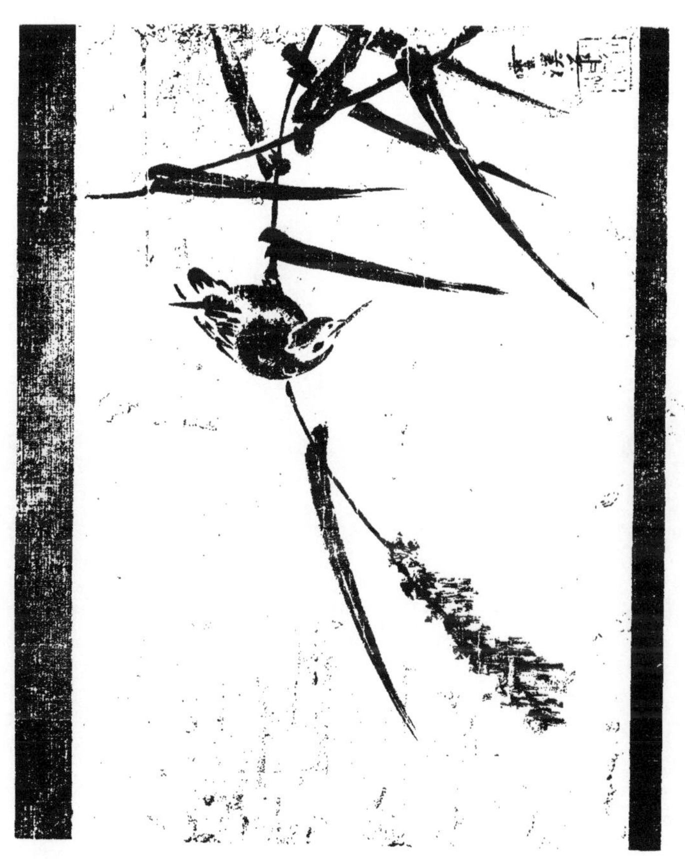

MARTIN-PÊCHEUR SUR UN ROSEAU
Urkei
Japon

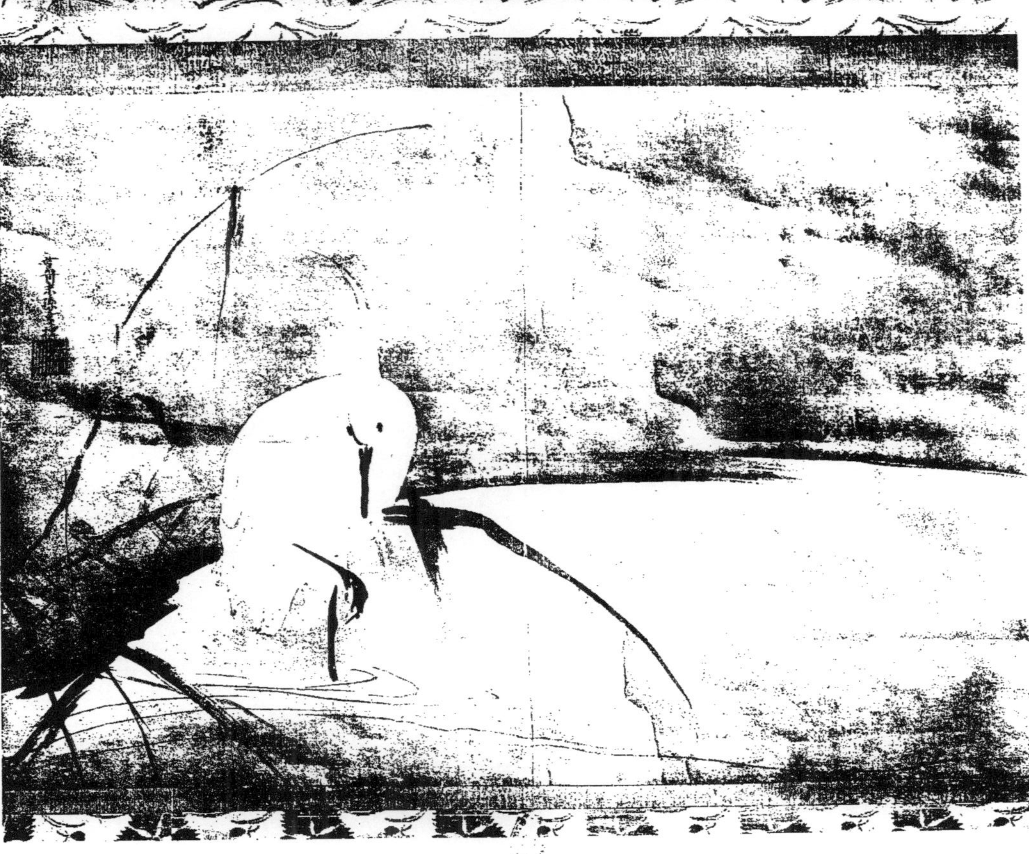

HÉRON DANS LES JONCS
Settsu
Japon

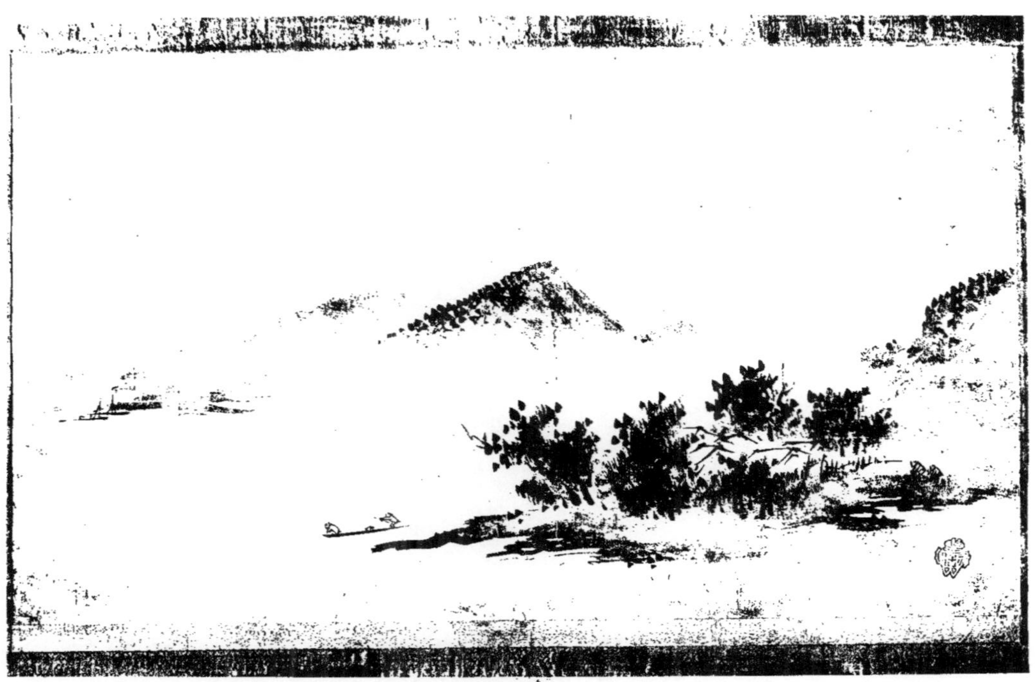

PAYSAGE
Kano Motonobu (1477-1559)
Japon

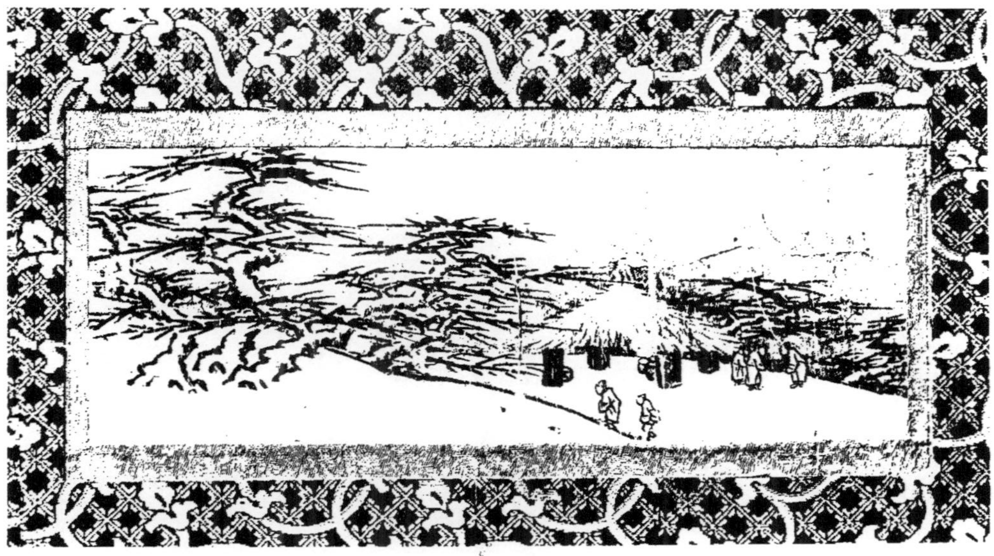

KIOSQUE ET PERSONNAGES PARMI LES PINS
Attribué à Kano Motonobu (1477-1559)
Japon

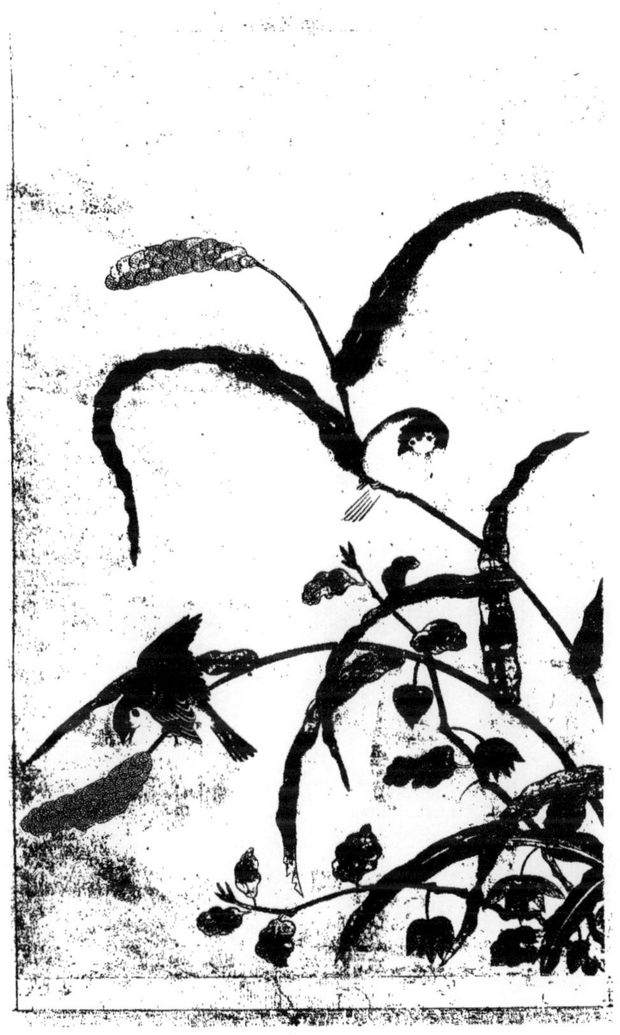

MOINEAUX SUR TIGES DE MILLET ET PHYSALIS
Kan Morinobu (1477-1559)
Japon.

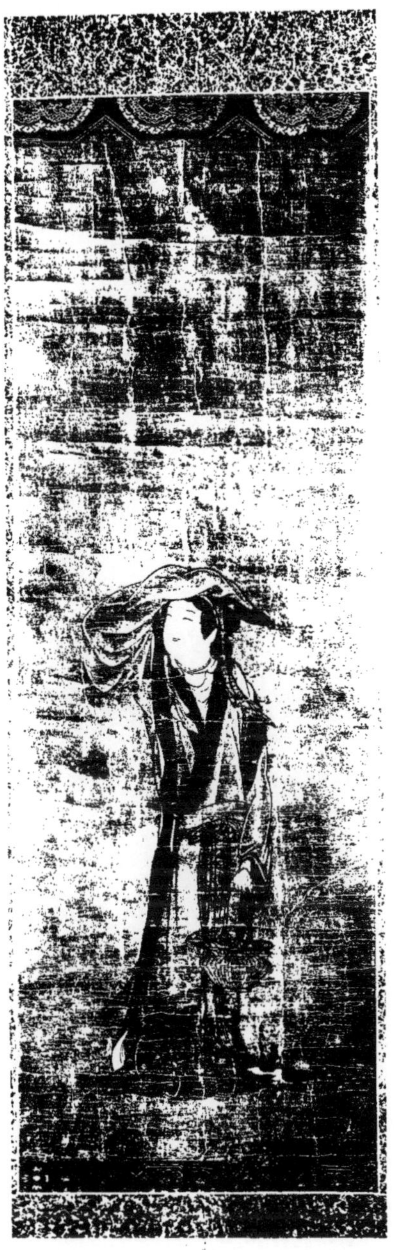

REISHŌJŌ
École de Kano (seconde moitié du XVIe siècle)
Japon

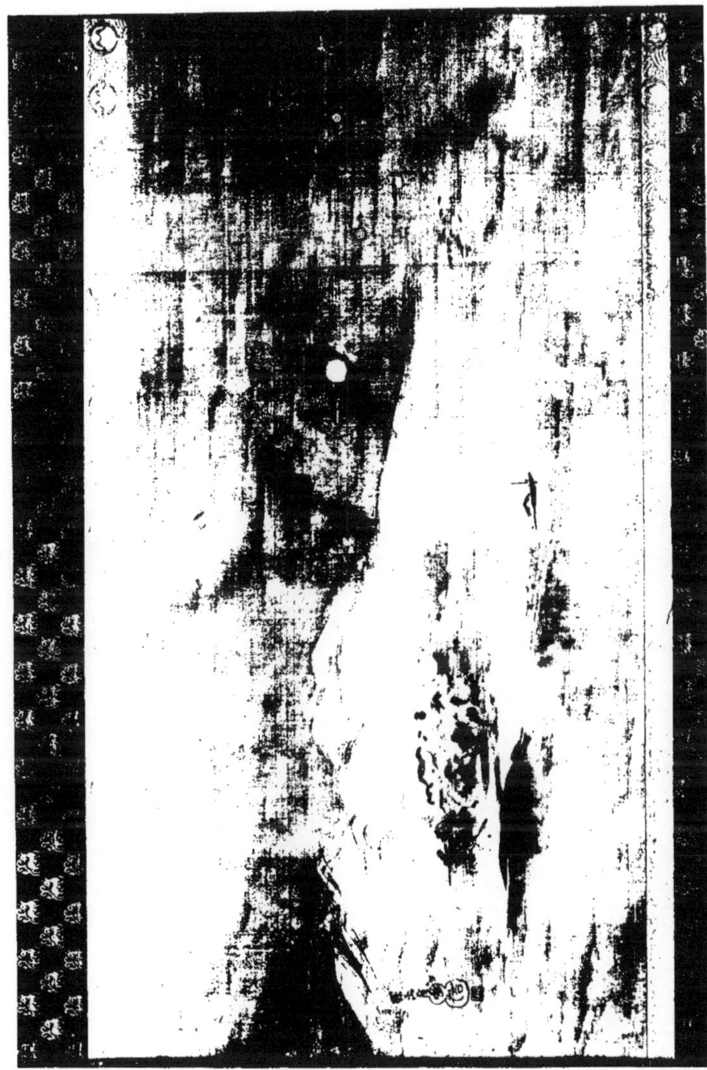

LA LUNE SUR LA NEIGE
Kano Tanyu - 15.. 16..
Japon

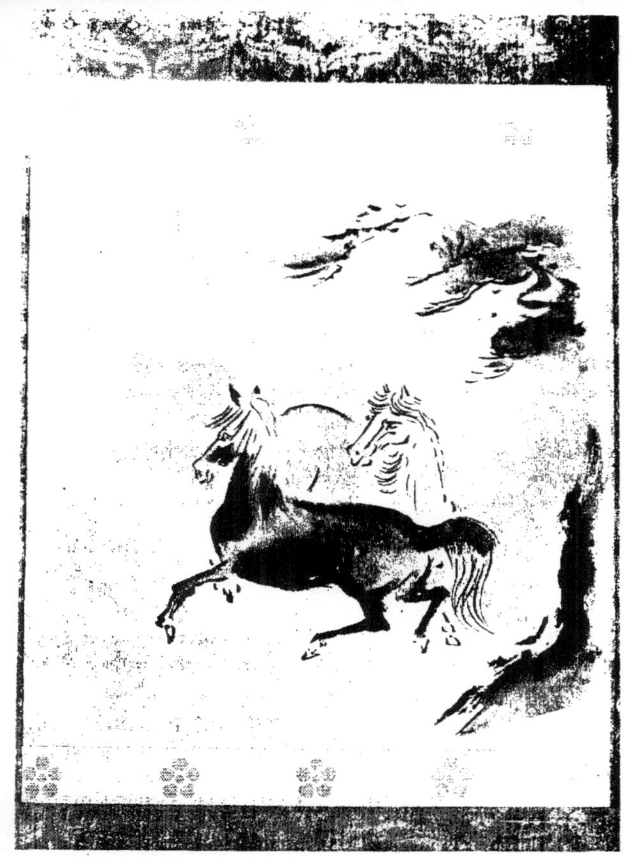

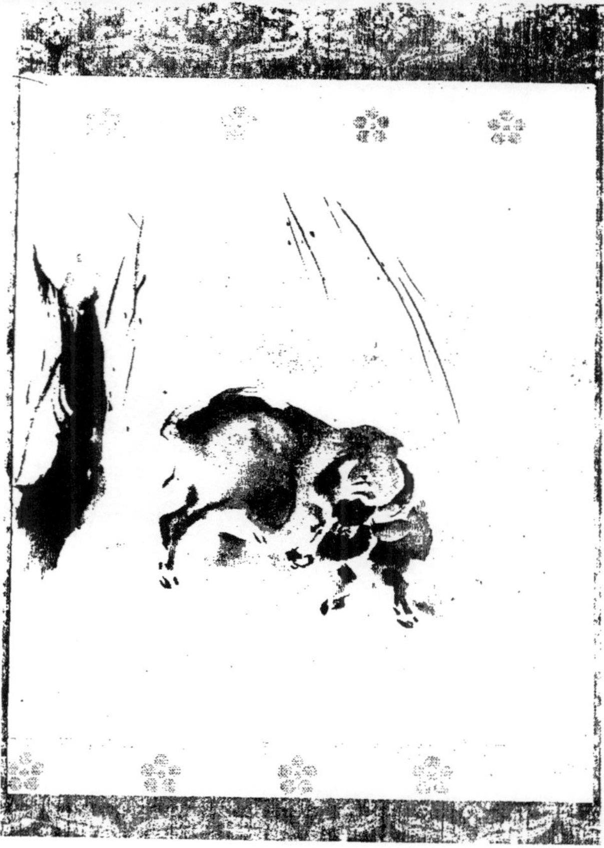

BŒUF — CHEVAUX
Attribués à Kano Tanyu (1602-1674)
Japon

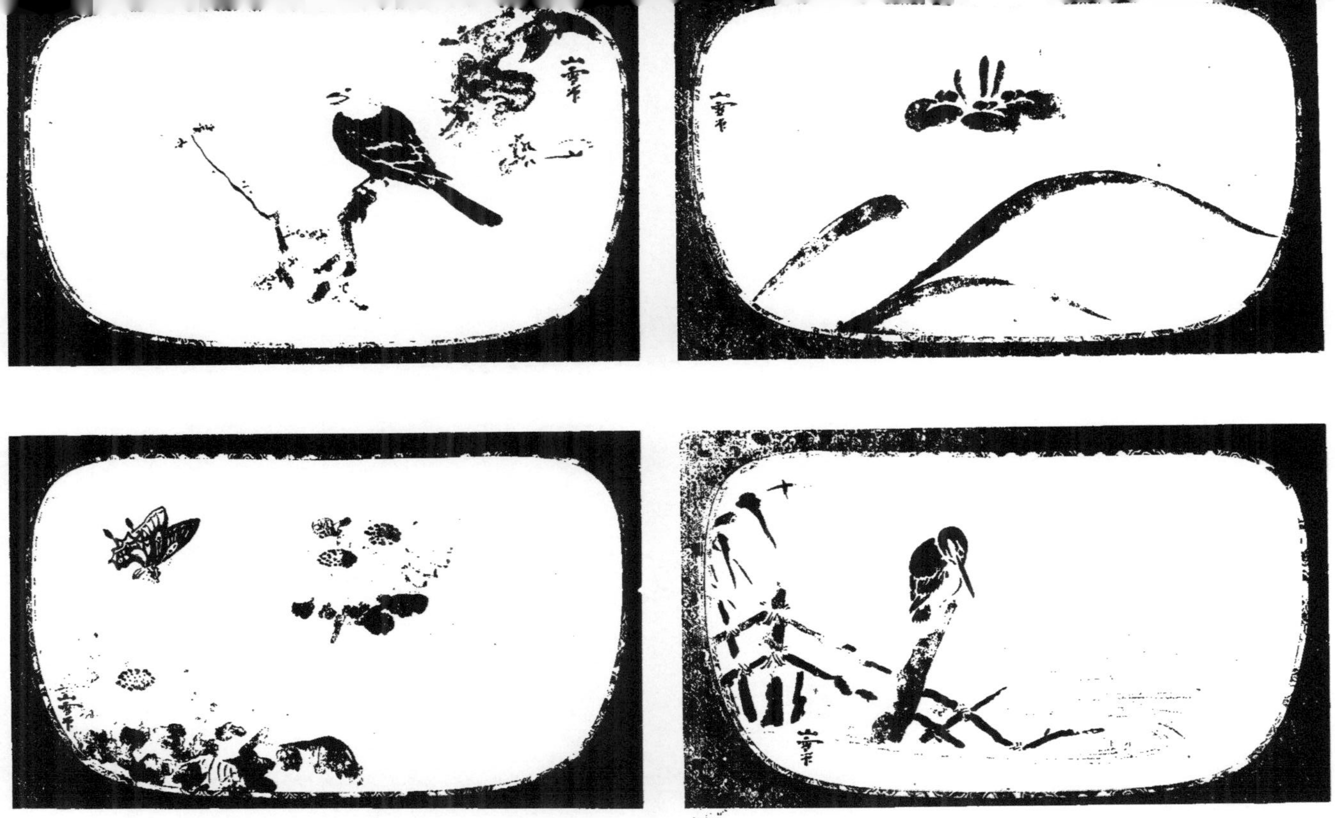

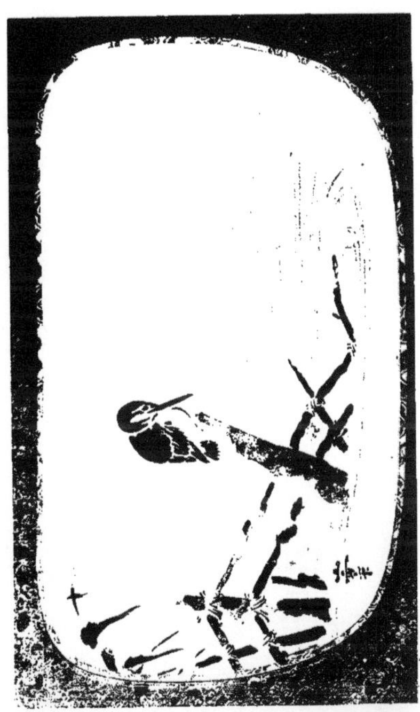

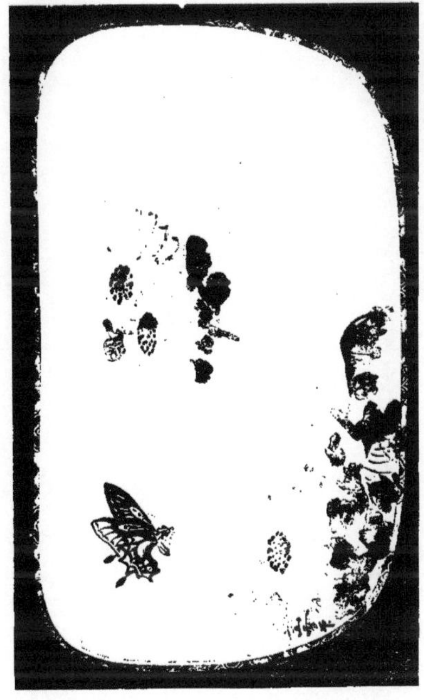

LES QUATRE SAISONS
Kano Sansetsu (1589-1651)
Japon

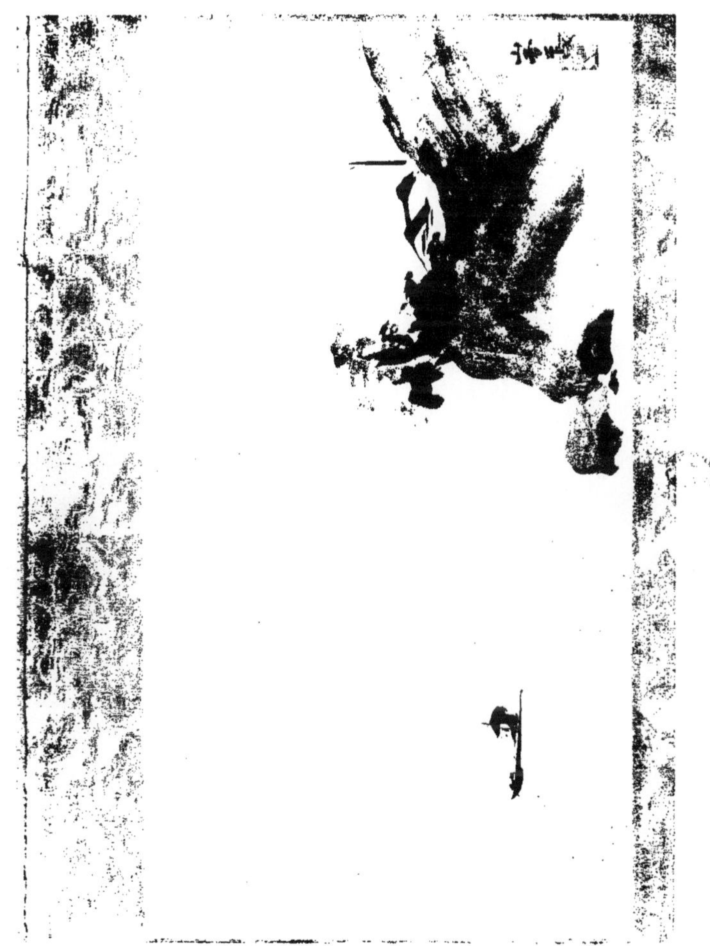

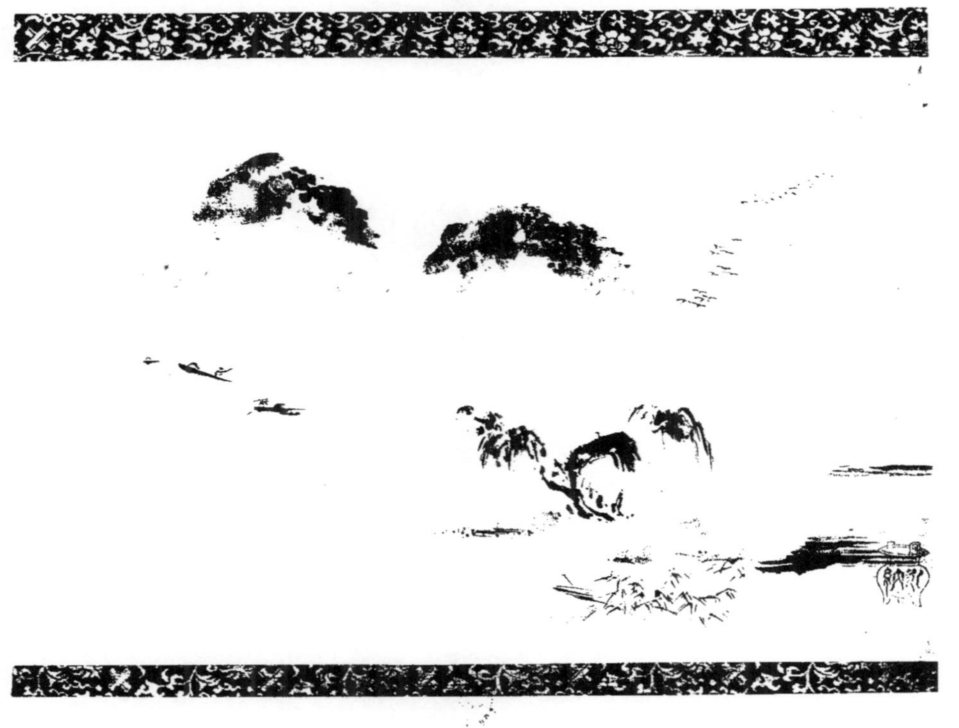

PAYSAGE
Kano Einō (XVIIe siècle)
Japon

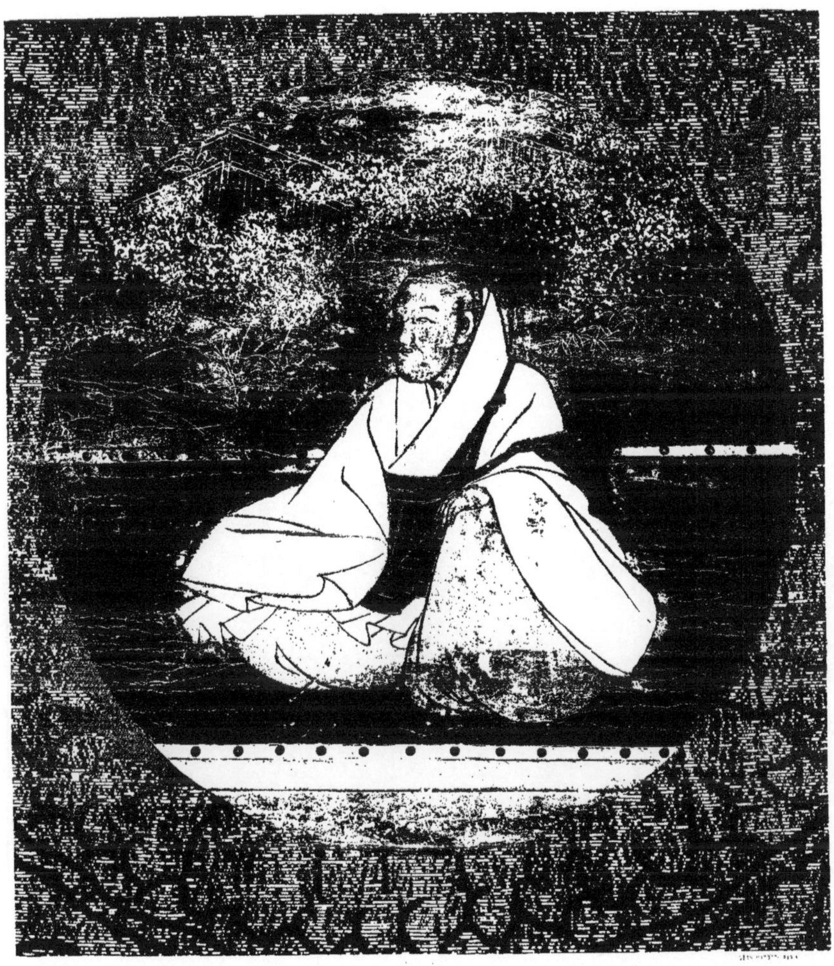

LE PRÊTRE KISEN
Attribué à Kicsen (?1837)
Japon

SINGE À LONGS BRAS
Sōtatsu, milieu du XVIIe siècle
Japon

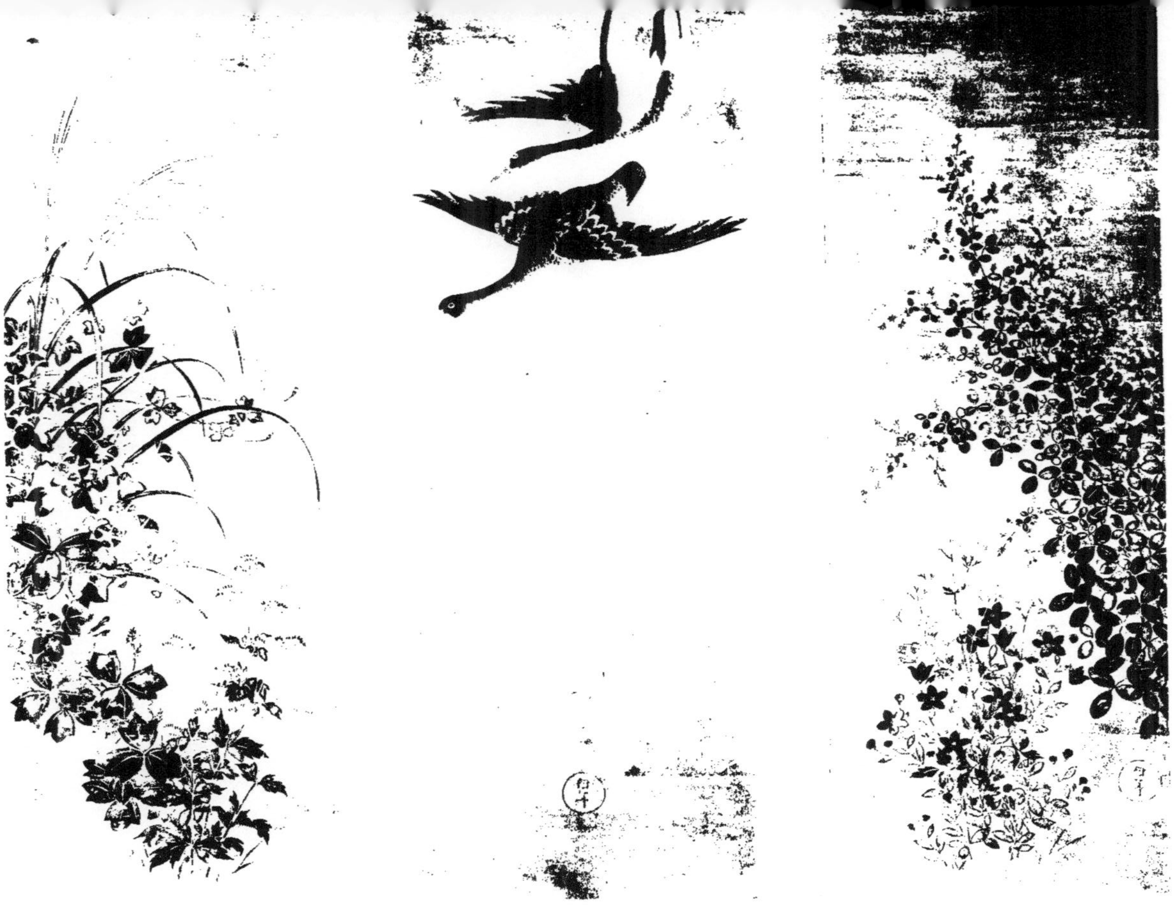

AUTOMNE
Sôtatsu (milieu du XVIIe siècle)
Japon

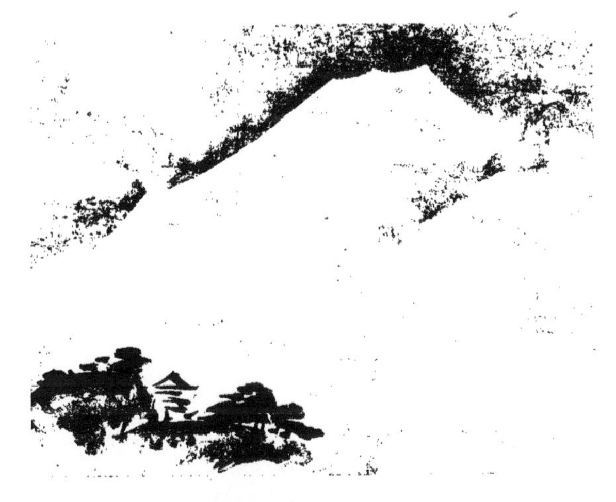

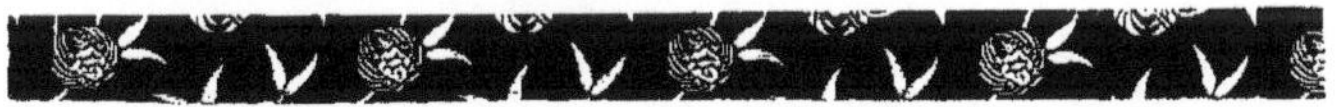

FUJI
Kōrin (1660-1716)
Japon
PINS

CERF ET BICHE
Kōrin (1660–1716)
Japon

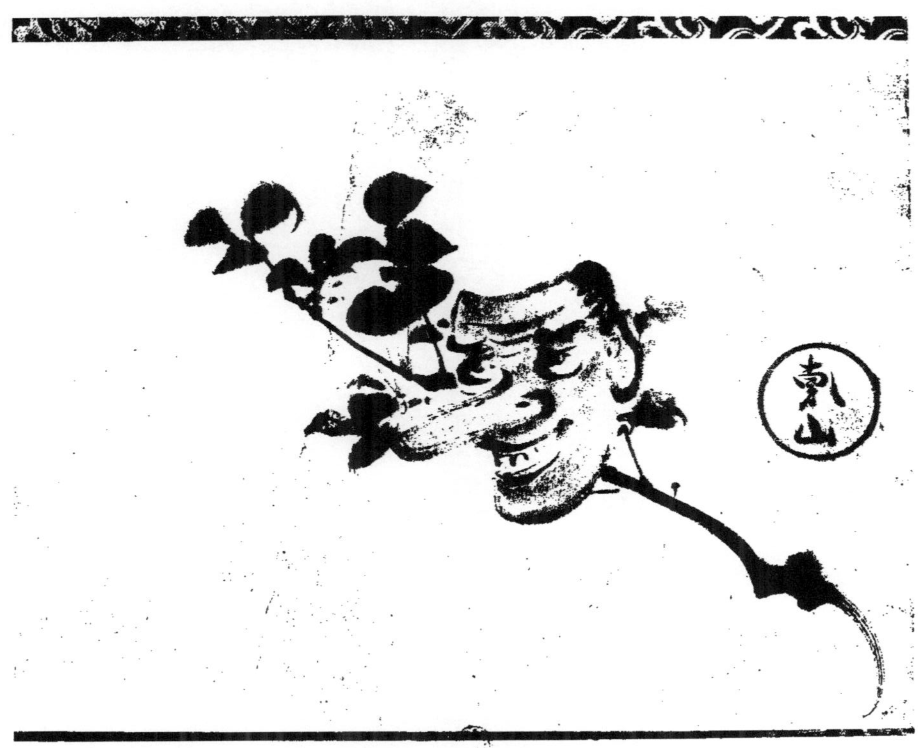

MASQUE DE TENGU ET BRANCHE DE SAKAKI
Anciennement attribué à Kenzan (1663-1743)
Japon

PAYSAGE
Kouno Yorakuin (1666-1730)
Japon

FUJI
Okio (1732-1795)
Japon

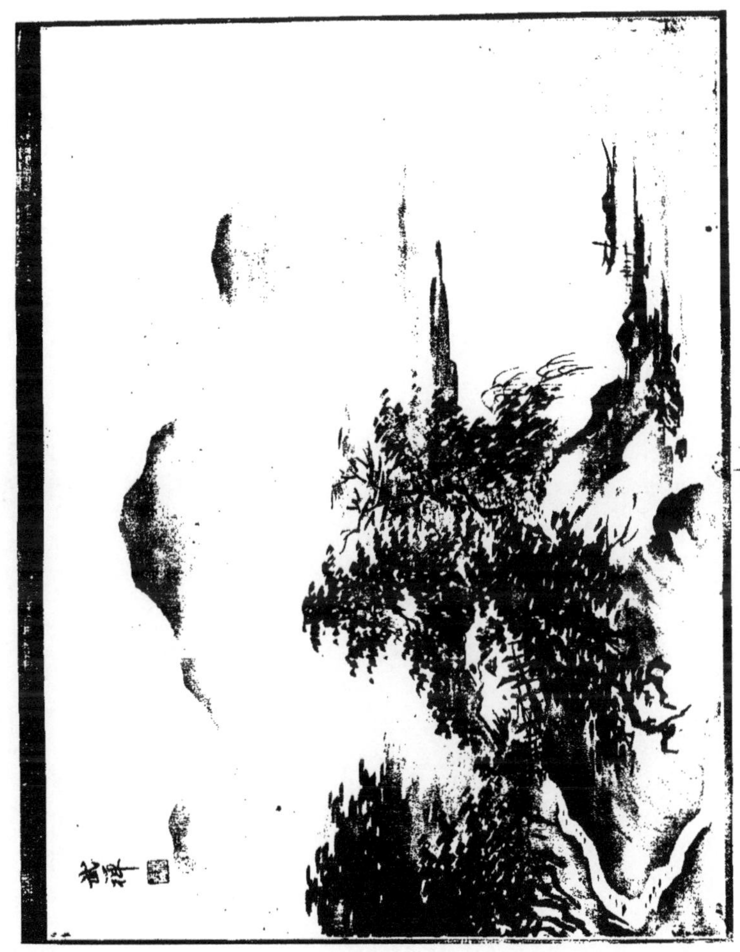

PAYSAGE
Buzen (1,33-1,86)
Japon

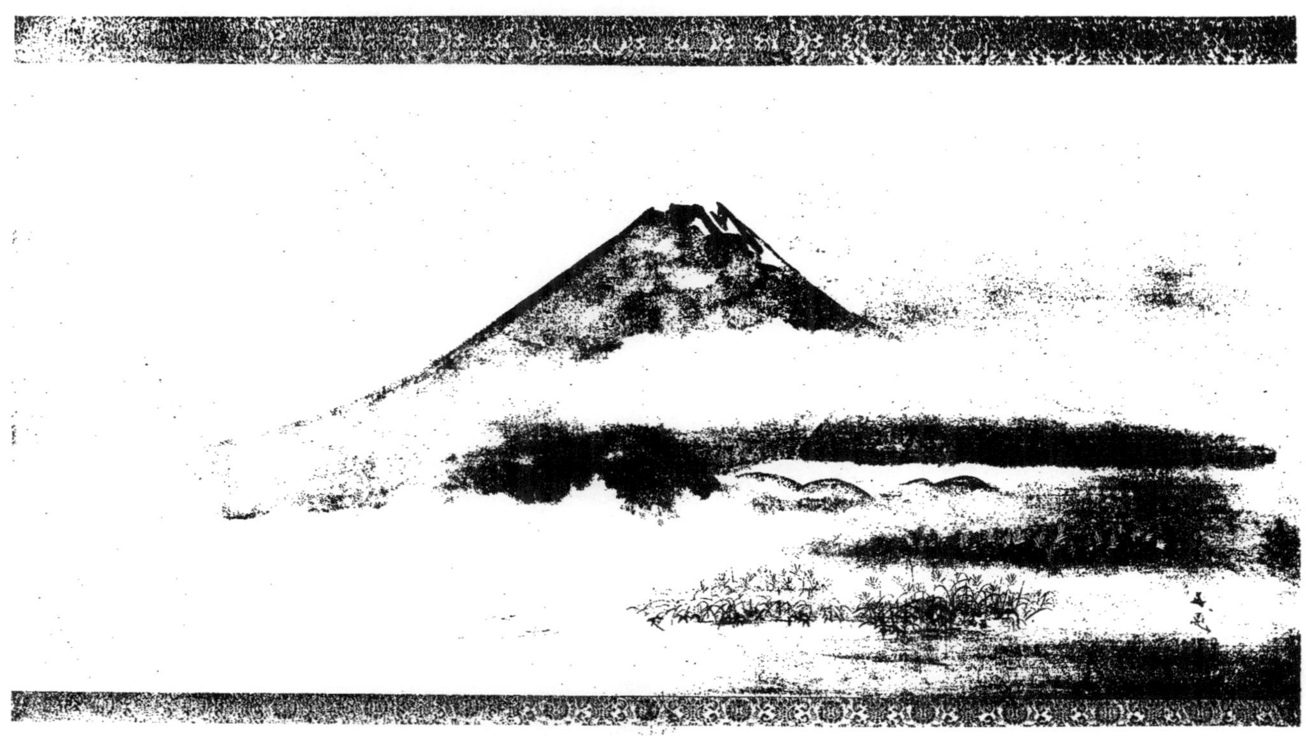

FUJI
Tani Bunchō (1763–1840)
Japon

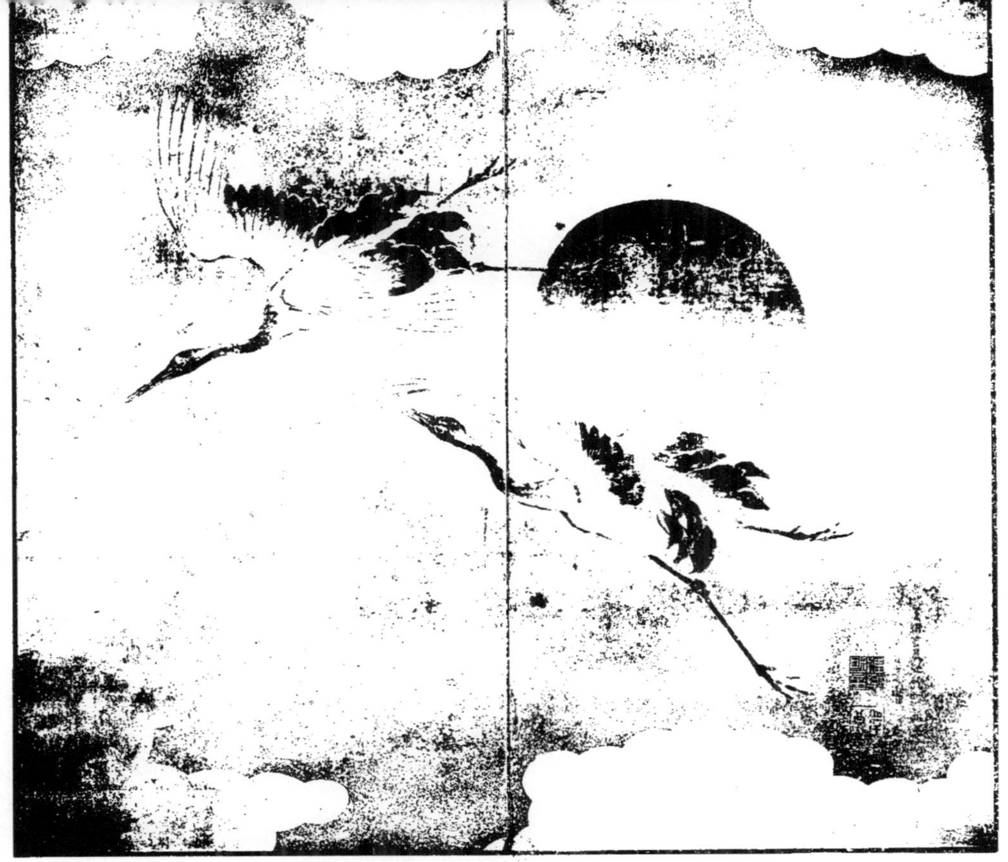

VOL DE GRUES SUR SOLEIL LEVANT
Kishi Ganryō (1798-1852)
Japon

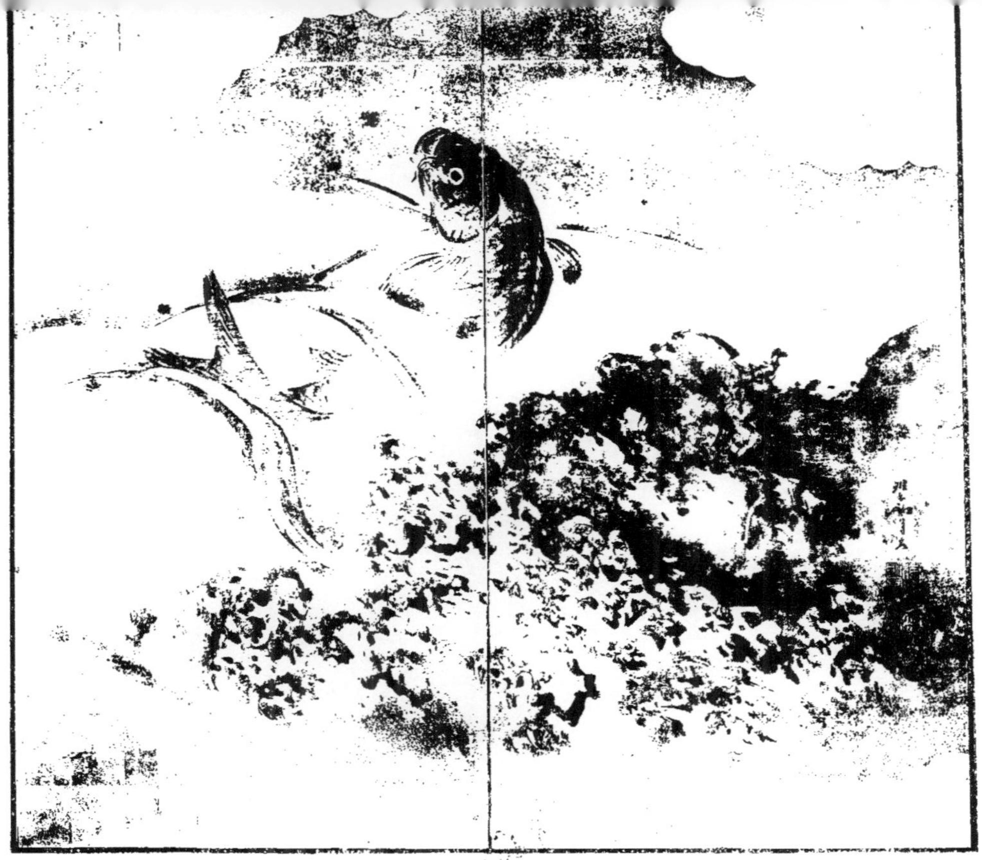

SAUT DE CARPE DANS UN TORRENT
Kishi Ganku (1798-1852)
Japon

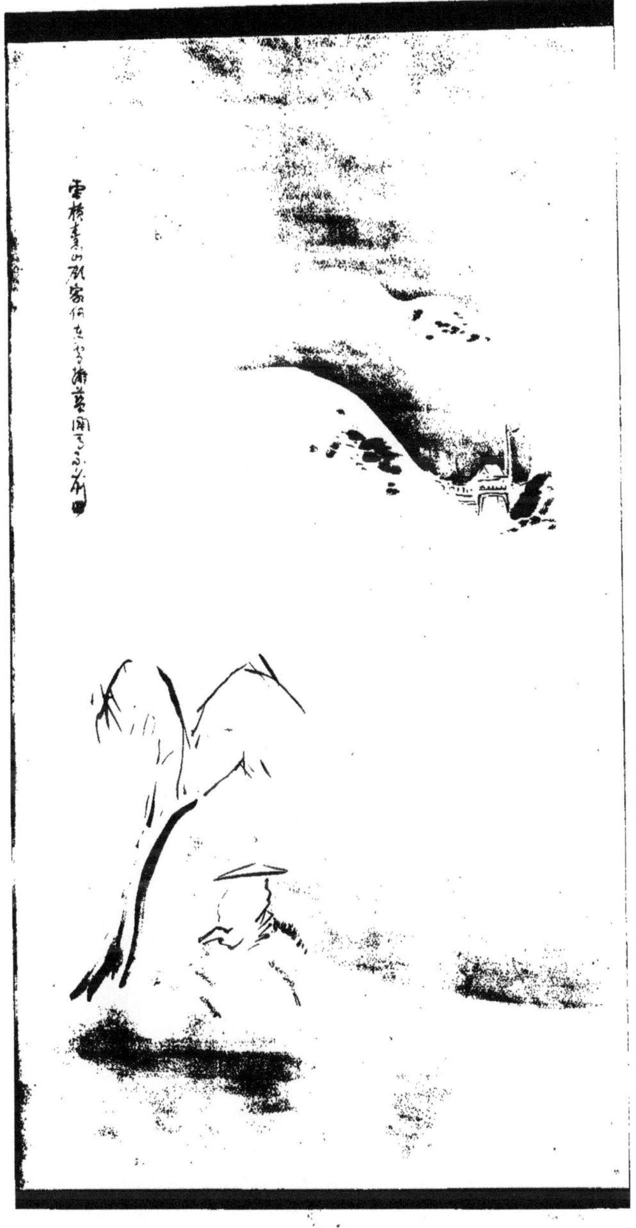

RETOUR DE TOBA
Kao (?) — xiiie siècle
Japon

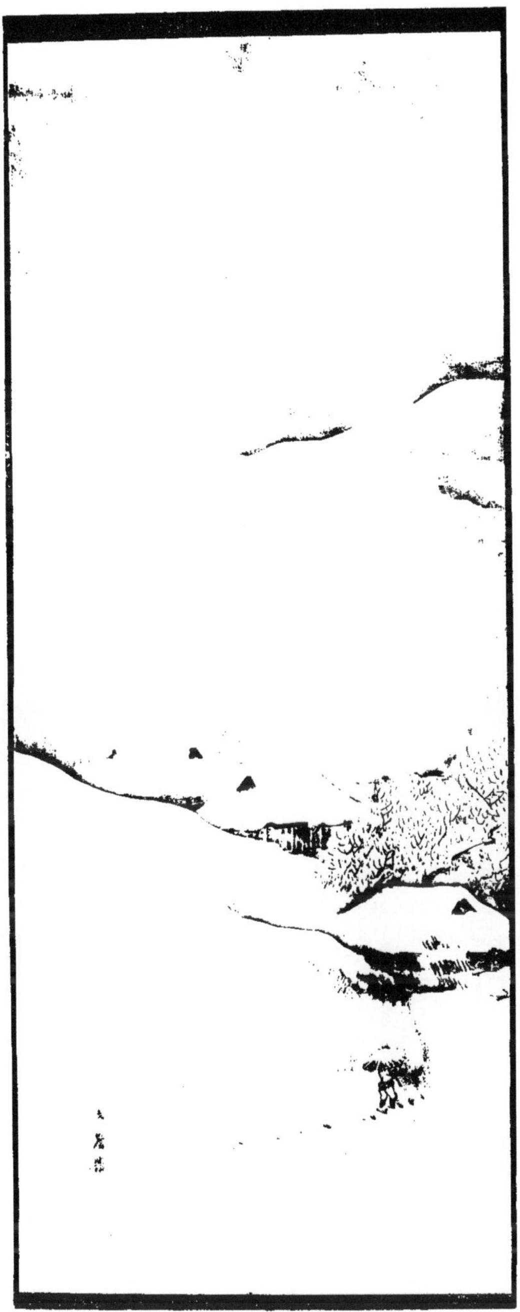

PAYSAGE SOUS LA NEIGE
Bunrin (dessin)
Japon

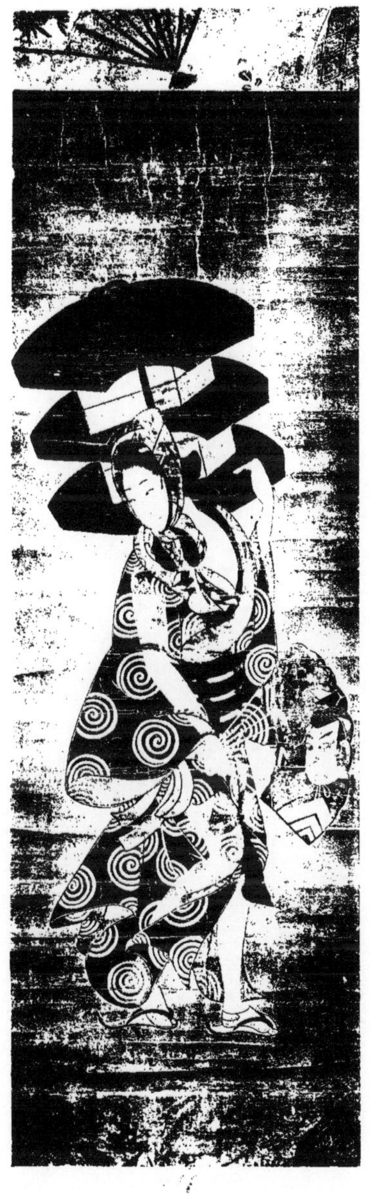

MARCHANDE D'ÉVENTAILS
Kwaishi, Ep. Genroku (1688-1704)
Japon

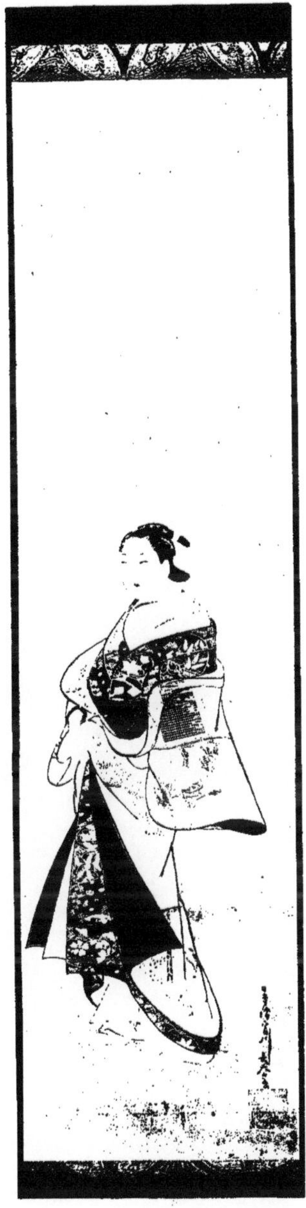

FIGURE DE FEMME
[illegible]
Japon

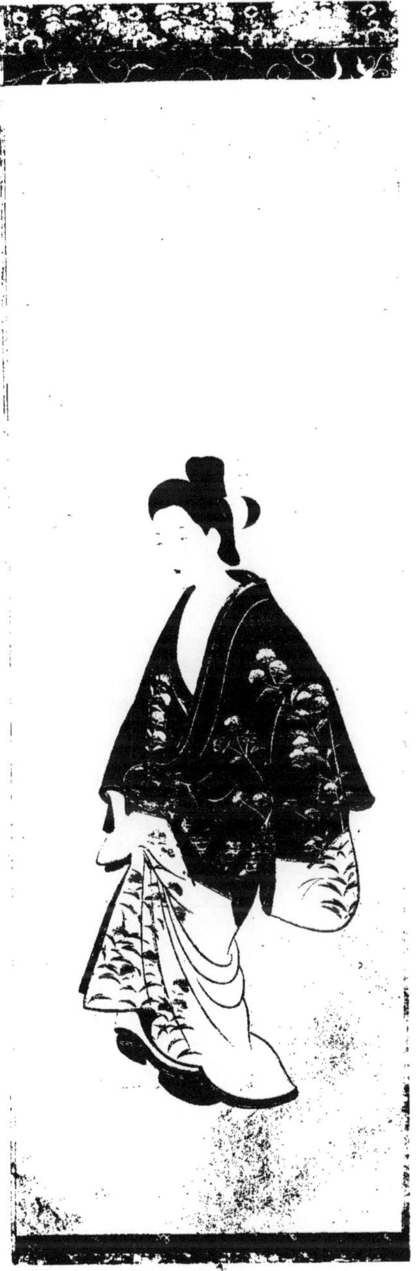

FIGURE DE FEMME
Début du XVIIIe siècle
Japon

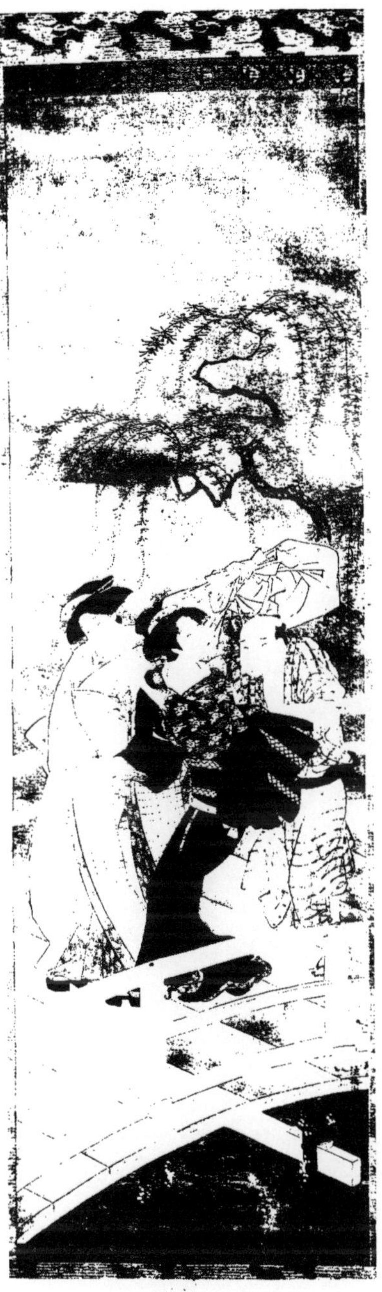

LE RETOUR. GEISHAS ET SERVITEUR
Koriusaï (peint vers 1772-1773).
Japon

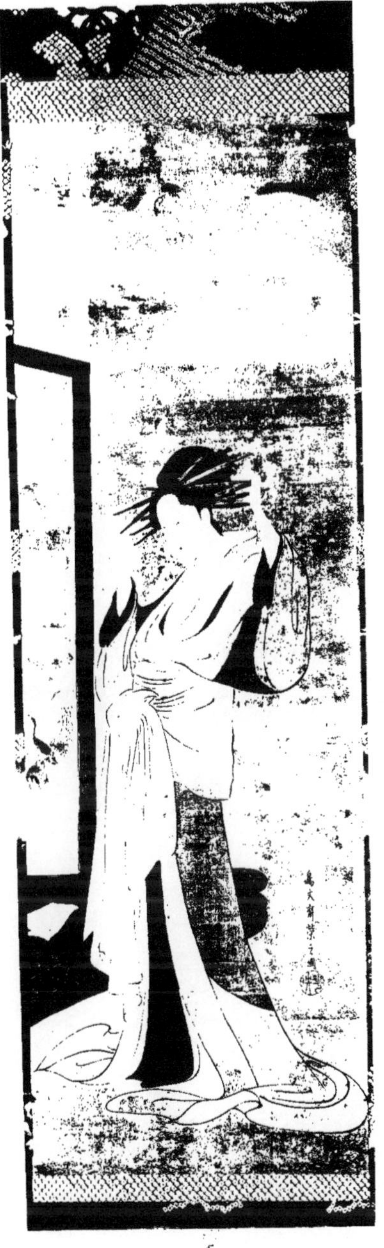

FIGURE DE FEMME EN ... DE NUIT

Estampe de ...

Japon

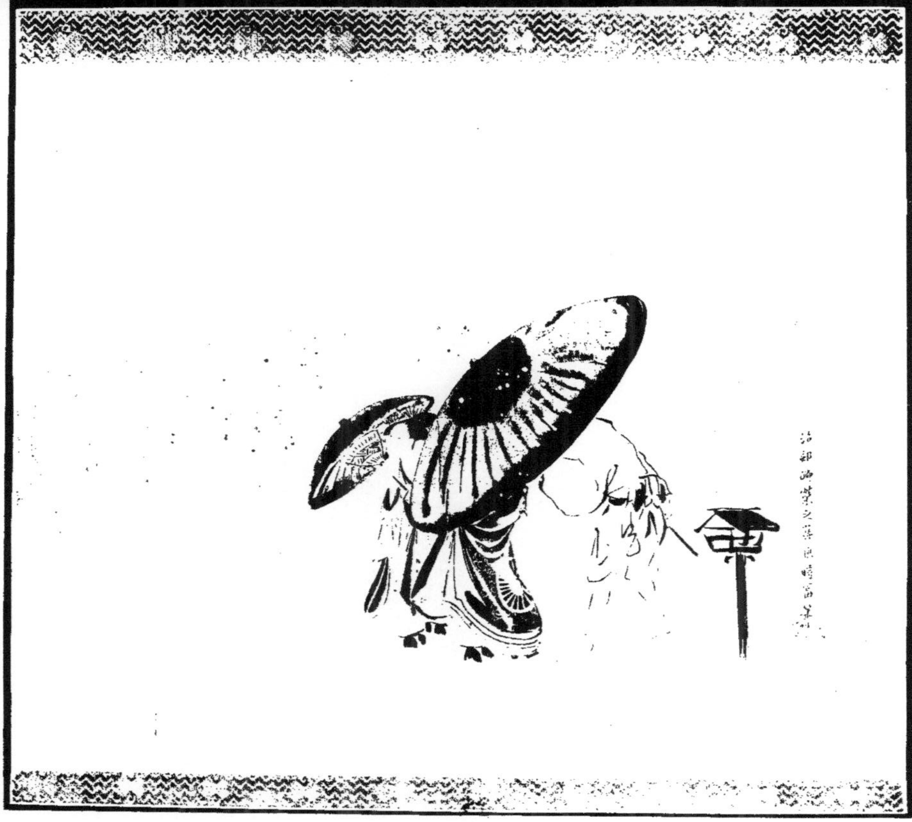

COURTISANE, KAMURO ET SERVITEUR
Estampe du XVIIIe siècle;
Japon

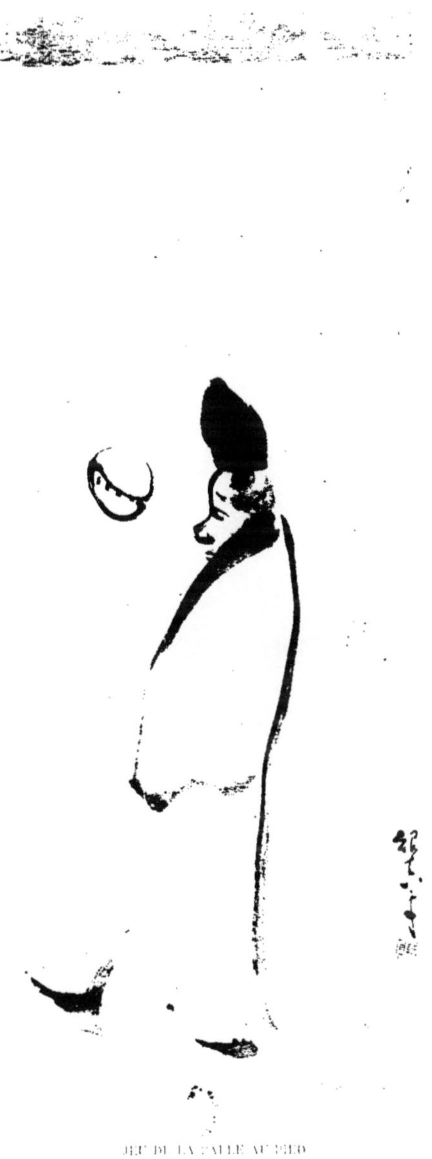

JEU DE LA BALLE AU PIED
Kita - Kei - Masay...
Japon

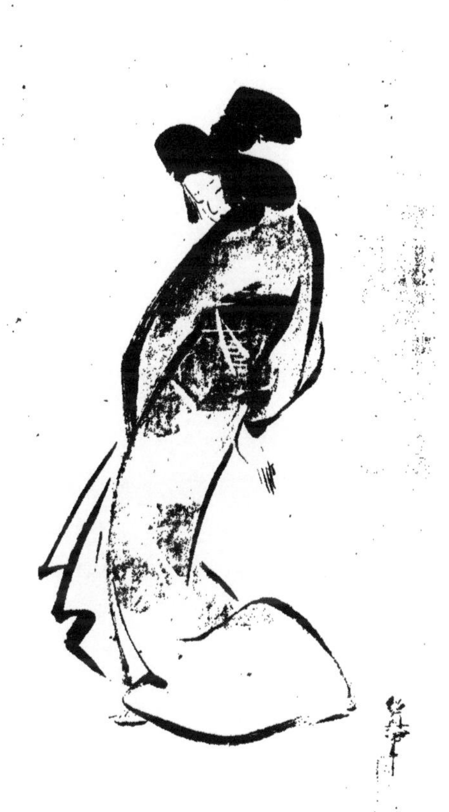

TAYU DANSANT
Kitao Keisai Masayoshi (1761-1824)

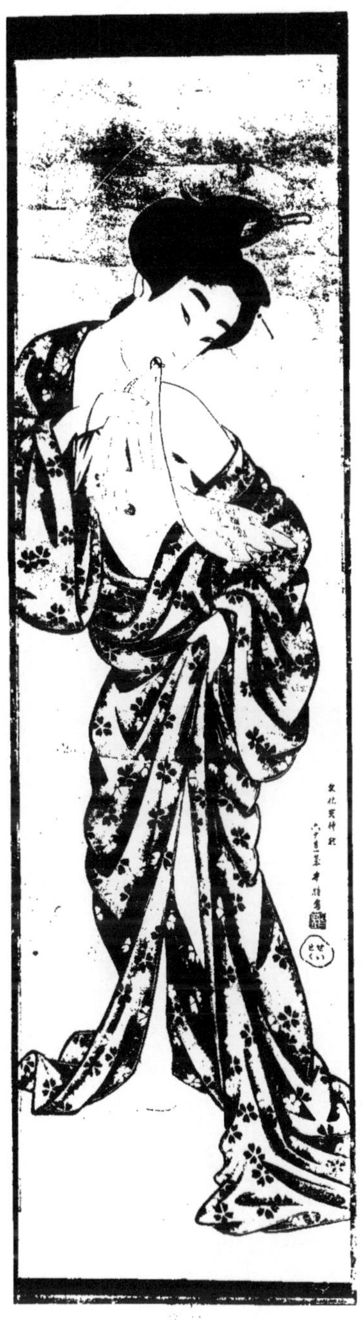

JEUNE FEMME SORTANT DU BAIN
Seitoku (fin XVIIIᵉ, début XIXᵉ siècle)
Japon

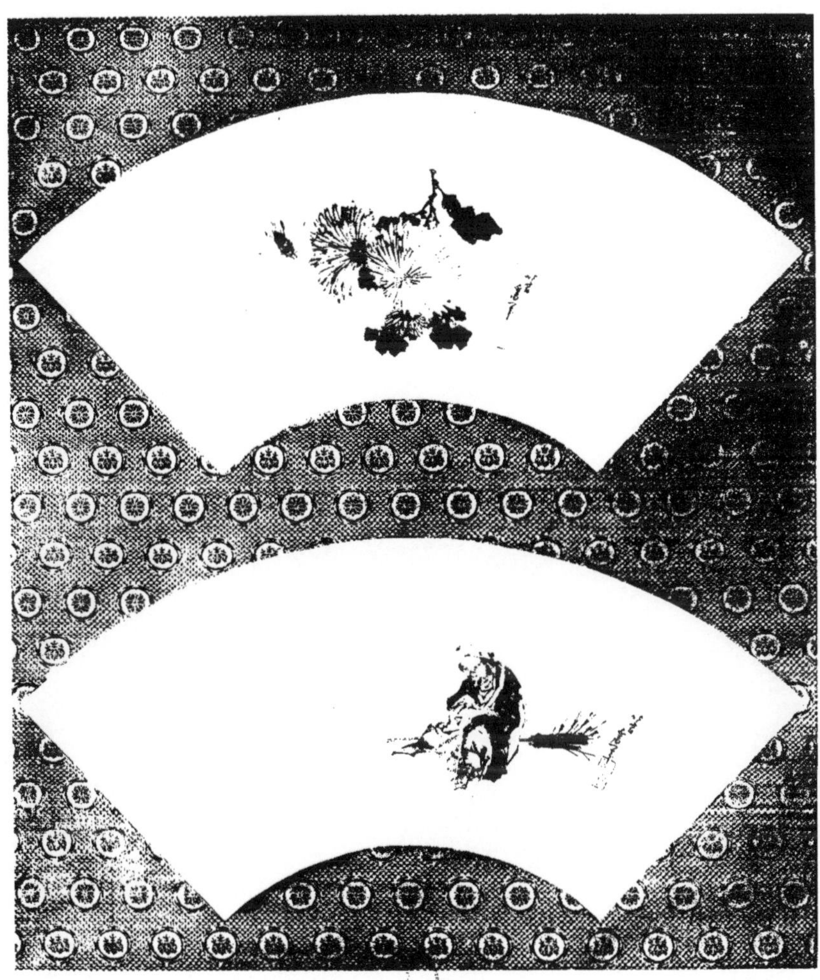

CHRYSANTHÈMES
VIEILLARD VENDEUR DE CHÂSENS
Hokusai 1760-1849
Japon

9 782329 559339